Frege | Über Sinn und Bedeutung

Great Papers Philosophie

Gottlob Frege
Über Sinn und Bedeutung

Herausgegeben von Uwe Voigt

Reclam

RECLAMS UNIVERSAL-BIBLIOTHEK Nr. 19582
2019, 2021 Philipp Reclam jun. Verlag GmbH,
Siemensstraße 32, 71254 Ditzingen
Durchgesehene Ausgabe
Gestaltung: Cornelia Feyll, Friedrich Forssman
Druck und Bindung: Esser printSolutions GmbH,
Untere Sonnenstraße 5, 84030 Ergolding
Printed in Germany 2025
RECLAM, UNIVERSAL-BIBLIOTHEK und
RECLAMS UNIVERSAL-BIBLIOTHEK sind eingetragene Marken
der Philipp Reclam jun. GmbH & Co. KG, Stuttgart
ISBN 978-3-15-019582-6

www.reclam.de | info@reclam.de

Über Sinn und Bedeutung.

Von G. Frege.

Die Gleichheit[1] fordert das Nachdenken heraus durch Fragen, die sich daran knüpfen und nicht ganz leicht zu beantworten sind. Ist sie eine Beziehung? eine Beziehung zwischen Gegenständen? oder zwischen Namen oder Zeichen für Gegenstände? Das Letzte hatte ich in meiner Begriffsschrift angenommen. Die Gründe, die dafür zu sprechen scheinen, sind folgende: a = a und a = b sind offenbar Sätze von verschiedenem Erkenntniswerte: a = a gilt a priori und ist nach Kant analytisch zu nennen, während Sätze von der Form a = b oft sehr wertvolle Erweiterungen unserer Erkenntnis enthalten und a priori nicht immer zu begründen sind. Die Entdeckung, daß nicht jeden Morgen eine neue Sonne aufgeht, sondern immer dieselbe, ist wohl eine der folgenreichsten in der Astronomie gewesen. Noch jetzt ist die Wiedererkennung eines kleinen Planeten oder eines Kometen nicht immer etwas Selbst-[26]verständliches. Wenn wir nun in der Gleichheit eine Beziehung zwischen dem sehn wollten, was die Namen »a« und »b« bedeuten, so schiene a = b von a = a nicht verschieden sein zu können, falls nämlich a = b wahr ist. Es wäre hiermit eine Beziehung eines Dinges zu sich selbst ausgedrückt, und zwar eine solche, in der jedes Ding mit sich selbst, aber kein Ding mit einem andern steht. Was man mit a = b sagen will, scheint zu

1 Ich brauche dies Wort im Sinne von Identität und verstehe »a = b« in dem Sinne von »a ist dasselbe wie b« oder »a und b fallen zusammen.«

sein, daß die Zeichen oder Namen »a« und »b« dasselbe bedeuten, und dann wäre eben von jenen Zeichen die Rede; es würde eine Beziehung zwischen ihnen behauptet. Aber diese Beziehung bestände zwischen den Namen oder Zeichen nur, insofern sie etwas benennen oder bezeichnen. Sie wäre eine vermittelte durch die Verknüpfung jedes der beiden Zeichen mit demselben Bezeichneten. Diese aber ist willkürlich. Man kann Keinem verbieten, irgendeinen willkürlich hervorzubringenden Vorgang oder Gegenstand zum Zeichen für irgend etwas anzunehmen. Damit würde dann ein Satz a = b nicht mehr die Sache selbst sondern nur noch unsere Bezeichnungsweise betreffen; wir würden keine eigentliche Erkenntnis darin ausdrücken. Das wollen wir aber doch grade in vielen Fällen. Wenn sich das Zeichen »a« von dem Zeichen »b« nur als Gegenstand (hier durch die Gestalt) unterscheidet, nicht als Zeichen; das soll heißen: nicht in der Weise, wie es etwas bezeichnet: so würde der Erkenntnißwerth von a = a wesentlich gleich dem von a = b sein, falls a = b wahr ist. Eine Verschiedenheit kann nur dadurch zu Stande kommen, daß der Unterschied des Zeichens einem Unterschiede in der Art des Gegebenseins des Bezeichneten entspricht. Es seien a, b, c die Geraden, welche die Ecken eines Dreiecks mit den Mitten der Gegenseiten verbinden. Der Schnittpunkt von a und b ist dann derselbe wie der Schnittpunkt von b und c. Wir haben also verschiedene Bezeichnungen für denselben Punkt, und diese Namen (»Schnittpunkt von a und b«, »Schnittpunkt von b und c«) deuten zugleich auf die Art des Gegebenseins, und daher ist in dem Satze eine wirkliche Erkenntnis enthalten.

Es liegt nun nahe, mit einem Zeichen (Namen, Wortverbindung, Schriftzeichen) außer dem Bezeichneten, was die

Bedeutung des Zeichens heißen möge, noch das verbunden zu denken, was ich den Sinn des Zeichens nennen möchte, worin die Art des Gegebenseins enthalten ist. Es würde danach in unserm Beispiele zwar die [27] Bedeutung der Ausdrücke »der Schnittpunkt von a und b« und »der Schnittpunkt von b und c« dieselbe sein, aber nicht ihr Sinn. Es würde die Bedeutung von »Abendstern« und »Morgenstern« dieselbe sein, aber nicht der Sinn.

Aus dem Zusammenhange geht hervor, daß ich hier unter »Zeichen« und »Namen« irgendeine Bezeichnung verstanden habe, die einen Eigennamen vertritt, deren Bedeutung also ein bestimmter Gegenstand ist (dies Wort im weitesten Umfange genommen), aber kein Begriff und keine Beziehung, auf die in einem anderen Aufsatze näher eingegangen werden soll. Die Bezeichnung eines einzelnen Gegenstandes kann auch aus mehreren Worten oder sonstigen Zeichen bestehn. Der Kürze wegen mag jede solche Bezeichnung Eigenname genannt werden.

Der Sinn eines Eigennamens wird von jedem erfaßt, der die Sprache oder das Ganze von Bezeichnungen hinreichend kennt, der er angehört[1]; damit ist die Bedeutung aber,

1 Bei einem eigentlichen Eigennamen wie »Aristoteles« können freilich die Meinungen über den Sinn auseinander gehen. Man könnte z. B. als solchen annehmen: der Schüler Platos und Lehrer Alexanders des Großen. Wer dies thut, wird mit dem Satze »Aristoteles war aus Stagira gebürtig« einen andern Sinn verbinden als einer, der als Sinn dieses Namens annähme: der aus Stagira gebürtige Lehrer Alexanders des Großen. Solange nur die Bedeutung dieselbe bleibt, lassen sich diese Schwankungen des Sinnes ertragen, wiewohl auch sie in dem Lehrgebäude einer beweisenden Wissenschaft zu vermeiden sind und in einer vollkommenen Sprache nicht vorkommen dürften.

falls sie vorhanden ist, doch immer nur einseitig beleuchtet. Zu einer allseitigen Erkenntniß der Bedeutung würde gehören, daß wir von jedem gegebenen Sinne sogleich angeben könnten, ob er zu ihr gehöre. Dahin gelangen wir nie.

Die regelmäßige Verknüpfung zwischen dem Zeichen, dessen Sinne und dessen Bedeutung ist der Art, daß dem Zeichen ein bestimmter Sinn und diesem wieder eine bestimmte Bedeutung entspricht, während zu einer Bedeutung (einem Gegenstande) nicht nur ein Zeichen zugehört. Derselbe Sinn hat in verschiedenen Sprachen, ja auch in derselben verschiedene Ausdrücke. Freilich kommen Ausnahmen von diesem regelmäßigen Verhalten vor. Gewiß sollte in einem vollkommenen Ganzen von Zeichen jedem Ausdrucke ein bestimmter Sinn entsprechen; aber die Volkssprachen [28] erfüllen diese Forderung vielfach nicht, und man muß zufrieden sein, wenn nur in demselben Zusammenhange dasselbe Wort immer denselben Sinn hat. Vielleicht kann man zugeben, daß ein grammatisch richtig gebildeter Ausdruck, der für einen Eigennamen steht, immer einen Sinn habe. Aber ob dem Sinne nun auch eine Bedeutung entspreche, ist damit nicht gesagt. Die Worte »der von der Erde am weitesten entfernte Himmelskörper« haben einen Sinn; ob sie aber auch eine Bedeutung haben, ist sehr zweifelhaft. Der Ausdruck »die am wenigsten convergente Reihe« hat einen Sinn; aber man beweist, daß er keine Bedeutung hat, da man zu jeder convergenten Reihe eine weniger convergente, aber immer noch convergente finden kann. Dadurch also, daß man einen Sinn auffaßt, hat man noch nicht mit Sicherheit eine Bedeutung.

Wenn man in der gewöhnlichen Weise Worte gebraucht, so ist das, wovon man sprechen will, deren Bedeutung. Es kann aber auch vorkommen, daß man von den Worten selbst oder von ihrem Sinne reden will. Jenes geschieht z. B., wenn man die Worte eines Andern in gerader Rede anführt. Die eigenen Worte bedeuten dann zunächst die Worte des Andern und erst diese haben die gewöhnliche Bedeutung. Wir haben dann Zeichen von Zeichen. In der Schrift schließt man in diesem Falle die Wortbilder in Anführungszeichen ein. Es darf also ein in Anführungszeichen stehendes Wortbild nicht in der gewöhnlichen Bedeutung genommen werden.

Wenn man von dem Sinne eines Ausdrucks ›A‹ reden will so kann man dies einfach durch die Wendung »der Sinn des Ausdrucks ›A‹«. In der ungeraden Rede spricht man von dem Sinne z. B. der Rede eines Andern. Es ist daraus klar, daß auch in dieser Redeweise die Worte nicht ihre gewöhnliche Bedeutung haben, sondern das bedeuten, was gewöhnlich ihr Sinn ist. Um einen kurzen Ausdruck zu haben, wollen wir sagen: die Wörter werden in der ungeraden Rede *ungerade* gebraucht, oder haben ihre *ungerade* Bedeutung. Wir unterscheiden demnach die *gewöhnliche* Bedeutung eines Wortes von seiner *ungeraden* und seinen *gewöhnlichen* Sinn von seinem *ungeraden* Sinne. Die ungerade Bedeutung eines Wortes ist also sein gewöhnlicher Sinn. Solche Ausnahmen muß man immer im Auge behalten, wenn man die Verknüpfungsweise von Zeichen, Sinn und Bedeutung im einzelnen Falle richtig auffassen will. [29]

Von der Bedeutung und dem Sinne eines Zeichens ist die mit ihm verknüpfte Vorstellung zu unterscheiden. Wenn die Bedeutung eines Zeichens ein sinnlich wahrnehmbarer Gegenstand ist, so ist meine Vorstellung davon ein aus Erinnerungen von Sinneseindrücken, die ich gehabt habe, und von Thätigkeiten, innern sowohl wie äußern, die ich ausgeübt habe, entstandenes inneres Bild[1]. Dieses ist oft mit Gefühlen getränkt; die Deutlichkeit seiner einzelnen Theile ist verschieden und schwankend. Nicht immer ist, auch bei demselben Menschen, dieselbe Vorstellung mit demselben Sinne verbunden. Die Vorstellung ist subjectiv: die Vorstellung des Einen ist nicht die des Andern. Damit sind von selbst manigfache Unterschiede der mit demselben Sinne verknüpften Vorstellungen gegeben. Ein Maler, ein Reiter, ein Zoologe werden wahrscheinlich sehr verschiedene Vorstellungen mit dem Namen »Bucephalus« verbinden. Die Vorstellung unterscheidet sich dadurch wesentlich von dem Sinne eines Zeichens, welcher gemeinsames Eigenthum von Vielen sein kann und also nicht Theil oder Modus der Einzelseele ist; denn man wird wohl nicht leugnen können, daß die Menschheit einen gemeinsamen Schatz von Gedanken hat, den sie von einem Geschlechte auf das andere überträgt[2].

Während es demnach keinem Bedenken unterliegt, von dem Sinne schlechtweg zu sprechen, muß man bei der Vor-

1 Wir können mit den Vorstellungen gleich die Anschauungen zusammennehmen, bei denen die Sinneseindrücke und Thätigkeiten selbst an die Stelle der Spuren treten, die sie in der Seele zurückgelassen haben. Der Unterschied ist für unsern Zweck unerheblich, zumal wohl immer neben den Empfindungen und Thätigkeiten Erinnerungen von solchen das Anschauungsbild vollenden helfen. Man kann unter Anschauung aber auch einen Gegenstand verstehen, sofern er sinnlich wahrnehmbar oder räumlich ist.

2 Darum ist es unzweckmäßig, mit dem Worte »Vorstellung« so Grundverschiedenes zu bezeichnen.

stellung genau genommen hinzufügen, wem sie angehört und zu welcher Zeit. Man könnte vielleicht sagen; ebensogut, wie mit demselben Worte der Eine diese, der Andere jene Vorstellung verbindet, kann auch der Eine diesen, der Andere jenen Sinn damit verknüpfen. Doch besteht der Unterschied dann doch nur in der Weise dieser Verknüpfung. Das hindert nicht, daß beide denselben Sinn auffassen; [30] aber dieselbe Vorstellung können sie nicht haben. *Si duo idem faciunt, non est idem.* Wenn zwei sich dasselbe vorstellen so hat jeder doch seine eigene Vorstellung. Es ist zwar zuweilen möglich, Unterschiede der Vorstellungen, ja der Empfindungen verschiedener Menschen festzustellen; aber eine genaue Vergleichung ist nicht möglich, weil wir diese Vorstellungen nicht in demselben Bewußtsein zusammen haben können.

Die Bedeutung eines Eigennamens ist der Gegenstand selbst, den wir damit bezeichnen; die Vorstellung, welche wir dabei haben, ist ganz subjectiv; dazwischen liegt der Sinn, der zwar nicht mehr subjectiv wie die Vorstellung, aber doch auch nicht der Gegenstand selbst ist. Folgendes Gleichniß ist vielleicht geeignet, diese Verhältnisse zu verdeutlichen. Jemand betrachtet den Mond durch ein Fernrohr. Ich vergleiche den Mond selbst mit der Bedeutung; er ist der Gegenstand der Beobachtung, die vermittelt wird durch das reelle Bild, welches vom Objectivglase im Innern des Fernrohrs entworfen wird, und durch das Netzhautbild des Betrachtenden. Jenes vergleiche ich mit dem Sinne, dieses mit der Vorstellung oder Anschauung. Das Bild im Fernrohre ist zwar nur einseitig; es ist abhängig vom Standorte; aber es ist doch objectiv, insofern es mehreren Beobachtern dienen kann. Es ließe sich allenfalls einrichten, daß gleichzeitig Mehrere es benutzten. Von den Netzhautbildern aber würde jeder doch sein eignes haben. Selbst eine geometrische Congruenz würde wegen der verschiedenen Bildung der Augen kaum zu erreichen sein, ein wirkliches Zusammenfallen aber wäre ausgeschlossen. Dies Gleichnis ließe sich vielleicht noch weiter ausführen, indem man annähme, das Netzhautbild des A könnte dem B sichtbar gemacht werden; oder auch A selbst könnte in einem Spiegel sein eignes Netzhautbild sehen. Hiermit wäre vielleicht zu zeigen, wie eine Vorstellung zwar selbst zum Gegenstande genommen werden kann, als solche aber doch dem Betrachter nicht das ist, was sie unmittelbar dem Vorstellenden ist. Doch würde, dies zu verfolgen, wohl zu weit abführen.

Wir können nun drei Stufen der Verschiedenheit von Wörtern, Ausdrücken und ganzen Sätzen erkennen. Entweder betrifft der Unterschied höchstens die Vorstellungen, oder den Sinn aber nicht die Bedeutung, oder endlich auch die Bedeutung. In Bezug auf [31] die erste Stufe ist zu bemerken, daß, wegen der unsichern Verbindung der Vorstellungen mit den Worten für den Einen eine Verschiedenheit bestehen kann, die der Andere nicht findet. Der Unterschied der Uebersetzung von der Urschrift soll eigentlich die erste Stufe nicht überschreiten. Zu den hier noch möglichen Unterschieden gehören die Färbungen und Beleuchtungen, welche Dichtkunst und Beredtsamkeit dem Sinne zu geben suchen. Diese Färbungen und Beleuchtungen sind nicht objectiv, sondern jeder Hörer und Leser muß sie sich selbst nach den Winken des Dichters oder Redners hinzuschaffen. Ohne eine Verwandtschaft des menschlichen Vorstellens wäre freilich die Kunst nicht möglich; wieweit aber den Absichten des Dichters entsprochen wird, kann nie genau ermittelt werden.

Von den Vorstellungen und Anschauungen soll im Folgenden nicht mehr die Rede sein; sie sind hier nur erwähnt worden, damit die Vorstellung, die ein Wort bei einem Hörer erweckt, nicht mit dessen Sinne oder dessen Bedeutung verwechselt werde.

Um einen kurzen und genauen Ausdruck möglich zu machen, mögen folgende Redewendungen festgesetzt werden:

Ein Eigenname (Wort, Zeichen, Zeichenverbindung, Ausdruck) drückt aus seinen Sinn, bedeutet oder bezeichnet seine Bedeutung. Wir drücken mit einem Zeichen dessen Sinn aus und bezeichnen mit ihm dessen Bedeutung.

Von idealistischer und skeptischer Seite ist vielleicht schon längst eingewendet worden: »du sprichst hier ohne Weiteres von dem Monde als einem Gegenstande; aber woher weißt du, daß der Name ›der Mond‹ überhaupt eine Bedeutung hat, woher weißt du, daß überhaupt irgendetwas eine Bedeutung hat?« Ich antworte, daß es nicht unsere Absicht ist, von unserer Vorstellung des Mondes zu sprechen, und daß wir uns auch nicht mit dem Sinne begnügen, wenn wir ›der Mond‹ sagen; sondern wir setzen eine Bedeutung voraus. Es hieße, den Sinn geradezu verfehlen, wenn man annehmen wollte, in dem Satze »der Mond ist kleiner als die Erde« sei von einer Vorstellung des Mondes die Rede. Wollte der Sprechende dies, so würde er die Wendung »meine Vorstellung vom Monde« gebrauchen. Nun können wir uns in jener Voraussetzung freilich irren, und solche Irrthümer sind auch vorgekommen. Die Frage aber, ob wir uns vielleicht immer darin irren, kann [32] hier unbeantwortet bleiben; es genügt zunächst, auf unsere Absicht beim Sprechen oder Denken hinzuweisen, um es zu rechtfertigen, von der Bedeutung eines Zeichens zu sprechen, wenn auch mit dem Vorbehalte: falls eine solche vorhanden ist.

Bisher sind Sinn und Bedeutung nur von solchen Ausdrücken, Wörtern, Zeichen betrachtet worden, welche wir Eigennamen genannt haben. Wir fragen nun nach Sinn und Bedeutung eines ganzen Behauptungssatzes. Ein solcher Satz enthält einen Gedanken[1]. Ist dieser Gedanke nun als dessen Sinn oder als dessen Bedeutung anzusehen? Nehmen wir einmal an, der Satz habe eine Bedeutung! Ersetzen wir nun in ihm ein Wort durch ein anderes von derselben Bedeutung, aber anderm Sinne, so kann dies auf die Bedeutung des Satzes keinen Einfluß haben. Nun sehen wir aber, daß der Gedanke sich in solchem Falle ändert; denn es ist z. B. der Gedanke des Satzes »der Morgenstern ist ein von der Sonne beleuchteter Körper« verschieden von dem des Satzes »der Abendstern ist ein von der Sonne beleuchteter Körper.« Jemand der nicht wüßte, daß der Abendstern der Morgenstern ist, könnte den einen Gedanken für wahr, den andern für falsch halten. Der Gedanke kann also nicht die Bedeutung des Satzes sein, vielmehr werden wir ihn als den Sinn aufzufassen haben. Wie ist es nun aber mit der Bedeutung? Dürfen wir überhaupt danach fragen? Hat vielleicht ein Satz als Ganzes nur einen Sinn, aber keine Bedeutung? Man wird jedenfalls erwarten

1 Ich verstehe unter Gedanken nicht das subjective Thun des Denkens, sondern dessen objectiven Inhalt, der fähig ist, gemeinsames Eigenthum von Vielen zu sein.

können, daß solche Sätze vorkommen, ebensogut, wie es Satzteile giebt, die wohl einen Sinn, aber keine Bedeutung haben. Und Sätze, welche Eigennamen ohne Bedeutung enthalten, werden von der Art sein. Der Satz »Odysseus wurde tief schlafend in Ithaka ans Land gesetzt« hat offenbar einen Sinn. Da es aber zweifelhaft ist, ob der darin vorkommende Name »Odysseus« eine Bedeutung habe, so ist es damit auch zweifelhaft, ob der ganze Satz eine habe. Aber sicher ist doch, daß jemand, der im Ernste den Satz für wahr oder für falsch hält, auch dem Namen »Odysseus« eine Bedeutung zuerkennt, nicht nur einen Sinn; denn der Bedeutung dieses [33] Namens wird ja das Prädicat zu- oder abgesprochen. Wer eine Bedeutung nicht anerkennt, der kann ihr ein Prädicat weder zu- noch absprechen. Nun wäre aber das Vordringen bis zur Bedeutung des Namens überflüssig; man könnte sich mit dem Sinne begnügen, wenn man beim Gedanken stehen bleiben wollte. Käme es nur auf den Sinn des Satzes, den Gedanken, an, so wäre es unnöthig, sich um die Bedeutung eines Satztheils zu kümmern; für den Sinn des Satzes kann ja nur der Sinn, nicht die Bedeutung dieses Theiles in Betracht kommen. Der Gedanke bleibt derselbe, ob der Name »Odysseus« eine Bedeutung hat oder nicht. Daß wir uns überhaupt um die Bedeutung eines Satztheils bemühen, ist ein Zeichen dafür, daß wir auch für den Satz selbst eine Bedeutung im Allgemeinen anerkennen und fordern. Der Gedanke verliert für uns an Werth, sobald wir erkennen, daß zu einem seiner Theile die Bedeutung fehlt. Wir sind also wohl berechtigt, uns nicht mit dem Sinne eines Satzes zu begnügen, sondern auch nach seiner Bedeutung zu fragen. Warum wollen wir denn aber, daß jeder Eigenname nicht nur einen Sinn, sondern auch eine Bedeutung habe? Warum genügt uns der Gedanke nicht? Weil und soweit es uns auf seinen Wahrheitswerth ankommt. Nicht immer ist dies der Fall. Beim Anhören eines Epos z. B. fesseln uns neben dem Wohlklange der Sprache allein der Sinn der Sätze und die davon erweckten Vorstellungen und Gefühle. Mit der Frage nach der Wahrheit würden wir den Kunstgenuß verlassen und uns einer wissenschaftlichen Betrachtung zuwenden. Daher ist es uns auch gleichgiltig, ob der Name »Odysseus« z. B. eine Bedeutung habe, solange wir das Gedicht als Kunstwerk aufnehmen[1]. Das Streben nach Wahrheit also ist es, was uns überall vom Sinne zur Bedeutung vorzudringen treibt.

Wir haben gesehn, daß zu einem Satze immer dann eine Bedeutung zu suchen ist, wenn es auf die Bedeutung der Bestandtheile ankommt; und das ist immer dann und nur dann der Fall, wenn wir nach dem Wahrheitswerthe fragen. [34]

So werden wir dahin gedrängt, den Wahrheitswerth eines Satzes als seine Bedeutung anzuerkennen. Ich verstehe unter dem Wahrheitswerthe eines Satzes den Umstand, daß er wahr oder daß er falsch ist. Weitere Wahrheitswerthe giebt es nicht. Ich nenne der Kürze halber den einen das Wahre, den andern das Falsche. Jeder Behauptungssatz, in dem es auf die Bedeutung der Wörter ankommt, ist also als Eigenname aufzufassen, und zwar ist seine Bedeutung, falls sie vorhanden ist, entweder das

1 Es wäre wünschenswerth, für Zeichen, die nur einen Sinn haben sollen, einen besondern Ausdruck zu haben. Nennen wir solche etwa Bilder, so würden die Worte des Schauspielers auf der Bühne Bilder sein, ja der Schauspieler selber wäre ein Bild.

Wahre oder das Falsche. Diese beiden Gegenstände werden von Jedem, wenn auch nur stillschweigend, anerkannt, der überhaupt urtheilt, der etwas für wahr hält, also auch vom Skeptiker. Die Bezeichnung der Wahrheitswerthe als Gegenstände mag hier noch als willkürlicher Einfall und vielleicht als bloßes Spiel mit Worten erscheinen, aus dem man keine tiefgehende Folgerungen ziehen dürfe. Was ich einen Gegenstand nenne, kann genauer nur im Zusammenhange mit Begriff und Beziehung erörtert werden. Das will ich einem andern Aufsatze vorbehalten. Aber soviel möchte doch schon hier klar sein, daß in jedem Urtheile[1] – und sei es noch so selbstverständlich – schon der Schritt von der Stufe der Gedanken zur Stufe der Bedeutungen (des Objectiven) geschehen ist.

Man könnte versucht sein, das Verhältniß des Gedankens zum Wahren nicht als das des Sinnes zur Bedeutung, sondern als das des Subjects zum Prädicate anzusehen. Man kann ja geradezu sagen: »der Gedanke, daß 5 eine Primzahl ist, ist wahr«. Wenn man aber genauer zusieht, so bemerkt man, daß damit eigentlich nichts mehr gesagt ist als in dem einfachen Satze »5 ist eine Primzahl«. Die Behauptung der Wahrheit liegt in beiden Fällen in der Form des Behauptungssatzes, und da, wo diese nicht ihre gewöhnliche Kraft hat, z. B. im Munde eines Schauspielers auf der Bühne, enthält der Satz »der Gedanke, daß 5 eine Primzahl ist, ist wahr« eben auch nur einen Gedanken, und zwar denselben Gedanken wie das einfache »5 ist eine Primzahl«. Daraus ist zu entnehmen, daß das Verhältniß

1 Ein Urtheil ist mir nicht das bloße Fassen eines Gedankens, sondern die Anerkennung seiner Wahrheit.

des Gedankens zum Wahren doch mit dem des Subjects zum Prädicate nicht verglichen werden darf. [35] Subject und Prädicat sind ja (im logischen Sinne verstanden) Gedankentheile; sie stehen auf derselben Stufe für das Erkennen. Man gelangt durch die Zusammenfügung von Subject und Prädicat immer nur zu einem Gedanken, nie von einem Sinne zu dessen Bedeutung, nie von einem Gedanken zu dessen Wahrheitswerthe. Man bewegt sich auf derselben Stufe, aber man schreitet nicht von einer Stufe zur nächsten vor. Ein Wahrheitswerth kann nicht Theil eines Gedankens sein, sowenig wie etwa die Sonne, weil er kein Sinn ist, sondern ein Gegenstand.

Wenn unsere Vermuthung richtig ist, daß die Bedeutung eines Satzes sein Wahrheitswerth ist, so muß dieser unverändert bleiben, wenn ein Satztheil durch einen Ausdruck von derselben Bedeutung, aber anderm Sinne ersetzt wird. Und das ist in der That der Fall. Leibnitz erklärt gradezu: »Eadem sunt, quae sibi mutuo substitui possunt, salva veritate«. Was sonst als der Wahrheitswerth könnte auch gefunden werden, das ganz allgemein zu jedem Satze gehört, bei dem überhaupt die Bedeutung der Bestandtheile in Betracht kommt, was bei einer Ersetzung der angegebenen Art unverändert bliebe?

Wenn nun der Wahrheitswerth eines Satzes dessen Bedeutung ist, so haben einerseits alle wahren Sätze dieselbe Bedeutung, andrerseits alle falschen. Wir sehn daraus, daß in der Bedeutung des Satzes alles Einzelne verwischt ist. Es kann uns also niemals auf die Bedeutung eines Satzes allein ankommen; aber auch der bloße Gedanke giebt keine Erkenntnis, sondern erst der Gedanke zusammen mit seiner Bedeutung, d. h. seinem Wahrheitswerthe. Urtheilen kann als Fortschreiten von einem Gedanken zu seinem Wahrheitswerthe gefaßt werden. Freilich soll dies keine Definition sein. Das Urtheilen ist eben etwas ganz Eigenartiges und Unvergleichliches. Man könnte auch sagen Urtheilen sei Unterscheiden von Theilen innerhalb des Wahrheitswerthes. Diese Unterscheidung geschieht durch Rückgang zum Gedanken. Jeder Sinn, der zu einem Wahrheitswerthe gehört, würde einer eignen Weise der Zerlegung entsprechen. Das Wort »Theil« habe ich hier allerdings in besondrer Weise gebraucht. Ich habe nämlich das Verhältniß des Ganzen und des Theils vom Satze auf seine Bedeutung übertragen, indem ich die Bedeutung eines Wortes Theil der Bedeutung des Satzes genannt habe, wenn das Wort selbst [36] Theil dieses Satzes ist, eine Redeweise, die freilich anfechtbar ist, weil bei der Bedeutung durch das Ganze und einen Theil der andere nicht bestimmt ist, und weil man bei Körpern das Wort Theil schon in anderm Sinne gebraucht. Es müßte ein eigner Ausdruck hierfür geschaffen werden.

Es soll nun die Vermuthung, daß der Wahrheitswerth eines Satzes dessen Bedeutung ist, weiter geprüft werden. Wir haben gefunden, daß der Wahrheitswerth eines Satzes unberührt bleibt, wenn wir darin einen Ausdruck durch einen gleichbedeutenden ersetzen: wir haben aber dabei den Fall noch nicht betrachtet, daß der zu ersetzende Ausdruck selber ein Satz ist. Wenn nun unsere Ansicht richtig ist, so muß der Wahrheitswerth eines Satzes, der einen andern als Theil enthält, unverändert bleiben, wenn wir für den Theilsatz einen andern einsetzen, dessen Wahrheitswerth derselbe ist. Ausnahmen sind dann zu erwarten, wenn das Ganze oder der Theilsatz gerade oder ungerade Rede sind;

denn, wie wir gesehn haben, ist die Bedeutung der Worte dann nicht die gewöhnliche. Ein Satz bedeutet in der geraden Rede wieder einen Satz und in der ungeraden einen Gedanken.

Wir werden so auf die Betrachtung der Nebensätze hingelenkt. Diese treten ja als Theile eines Satzgefüges auf, das vom logischen Gesichtspunkte aus gleichfalls als Satz, und zwar als Hauptsatz, erscheint. Aber es tritt uns hier die Frage entgegen, ob denn von den Nebensätzen gleichfalls gilt, daß ihre Bedeutung ein Wahrheitswerth sei. Von der ungeraden Rede wissen wir ja schon das Gegentheil. Die Grammatiker sehen die Nebensätze als Vertreter von Satztheilen an und theilen sie danach ein in Nennsätze, Beisätze, Adverbsätze. Daraus könnte man die Vermuthung schöpfen, daß die Bedeutung eines Nebensatzes nicht ein Wahrheitswerth, sondern gleichartig sei der eines Nennworts oder Beiworts oder Adverbs, kurz eines Satztheils, der als Sinn keinen Gedanken, sondern nur einen Theil eines solchen hat. Nur eine eingehendere Untersuchung kann darüber Klarheit verschaffen. Wir werden uns dabei nicht streng an den grammatischen Leitfaden halten, sondern das zusammenfassen, was logisch gleichartig ist. Suchen wir zunächst solche Fälle auf, in denen der Sinn des Nebensatzes, wie wir eben vermutheten, kein selbständiger Gedanke ist. [37]

Zu den mit »daß« eingeleiteten abstracten Nennsätzen gehört auch die ungerade Rede, von der wir gesehen haben, daß in ihr die Wörter ihre ungerade Bedeutung haben, welche mit dem übereinstimmt, was gewöhnlich ihr Sinn ist. In diesem Falle hat also der Nebensatz als Bedeutung einen Gedanken, keinen Wahrheitswerth; als Sinn keinen Gedanken, sondern den Sinn der Worte »der Gedanke, daß .....«, welcher nur Theil des Gedankens des ganzen Satzgefüges ist. Dies kommt vor nach »sagen«, »hören«, »meinen«, »überzeugt sein«, »schließen« und ähnlichen Wörtern.[1] Anders, und zwar ziemlich verwickelt, liegt die Sache nach Wörtern wie »erkennen«, »wissen«, »wähnen«, was später zu betrachten sein wird.

Daß in unsern Fällen die Bedeutung des Nebensatzes in der That der Gedanke ist, sieht man auch daran, daß es für die Wahrheit des Ganzen gleichgültig ist, ob jener Gedanke wahr ist oder falsch. Man vergleiche z. B. die beiden Sätze: »Copernicus glaubte, daß die Bahnen der Planeten Kreise seien« und »Copernicus glaubte, daß der Schein der Sonnenbewegung durch die wirkliche Bewegung der Erde hervorgebracht werde«. Man kann hier unbeschadet der Wahrheit den einen Nebensatz für den andern einsetzen. Der Hauptsatz zusammen mit dem Nebensatze hat als Sinn nur einen einzigen Gedanken und die Wahrheit des Ganzen schließt weder die Wahrheit noch die Unwahrheit des Nebensatzes ein. In diesen Fällen ist es nicht erlaubt, in dem Nebensatze einen Ausdruck durch einen andern zu ersetzen, der dieselbe gewöhnliche Bedeutung hat, sondern nur durch einen solchen, welcher dieselbe ungerade Bedeutung, d.h. denselben gewöhnlichen Sinn hat. Wenn jemand schließen wollte: die Bedeutung eines Satzes ist nicht sein Wahrheitswerth, »denn dann dürfte man ihn überall durch einen andern von demselben Wahrheitswerthe ersetzen«, so würde er zuviel beweisen; ebenso gut

1 In »A log, daß er den B gesehen habe« bedeutet der Nebensatz einen Gedanken, von dem erstens gesagt wird, daß A ihn als wahr behauptete, und zweitens, daß A von seiner Falschheit überzeugt war.

könnte man behaupten, daß die Bedeutung des Wortes »Morgenstern« sei nicht die Venus; denn man dürfe nicht überall für »Morgenstern« »Venus« sagen. Mit Recht kann man nur folgern, daß die Bedeutung des Satzes *nicht immer* sein Wahrheitswerth ist, und daß »Morgenstern« nicht [38] immer den Planeten Venus bedeutet, nämlich dann nicht, wenn dies Wort seine ungerade Bedeutung hat. Ein solcher Ausnahmefall liegt in den eben betrachteten Nebensätzen vor, deren Bedeutung ein Gedanke ist.

Wenn man sagt »es scheint, daß ...«, so meint man »es scheint mir, daß ...«, oder »ich meine, daß ...«. Wir haben also wieder den Fall. Aehnlich liegt die Sache bei Ausdrücken, wie »sich freuen«, »bedauern«, »billigen«, »tadeln«, »hoffen«, »fürchten«. Wenn Wellington sich gegen Ende der Schlacht bei Belle-Alliance freute, daß die Preußen kämen, so war der Grund seiner Freude eine Ueberzeugung. Wenn er sich getäuscht hätte so würde er sich, solange sein Wahn dauerte, nicht minder gefreut haben, und bevor er die Ueberzeugung gewann, daß die Preußen kämen, konnte er sich nicht darüber freuen, obwohl sie in der That schon anrückten.

Wie eine Ueberzeugung oder ein Glaube Grund eines Gefühls ist, so kann sie auch Grund einer Ueberzeugung sein wie beim Schließen. In dem Satze: »Columbus schloß aus der Rundung der Erde, daß er nach Westen reisend Indien erreichen könne«, haben wir als Bedeutungen von Theilen zwei Gedanken, daß die Erde rund sei, und daß Columbus nach Westen reisend Indien erreichen könne. Es kommt hier wieder nur darauf an, daß Columbus von dem einen und von dem andern überzeugt war, und daß die eine Ueberzeugung Grund der andern war. Ob die Erde wirklich rund ist und Columbus nach Westen reisend wirklich Indien so, wie er dachte, erreichen konnte, ist für die Wahrheit unseres Satzes gleichgiltig; aber nicht gleichgiltig ist, ob wir für »die Erde« setzen »der Planet, welcher von einem Monde begleitet ist, dessen Durchmesser größer als der vierte Theil seines eignen ist«. Auch hier haben wir die ungerade Bedeutung der Worte.

Die Adverbsätze des Zwecks mit »damit« gehören auch hierher; denn offenbar ist der Zweck ein Gedanke; daher: ungerade Bedeutung der Worte, Conjunctiv.

Der Nebensatz mit »daß« nach »befehlen«, »bitten«, »verbieten« würde in gerader Rede als Imperativ erscheinen. Ein solcher hat keine Bedeutung, sondern nur einen Sinn. Ein Befehl, eine Bitte sind zwar nicht Gedanken, aber sie stehn doch mit Gedanken auf derselben Stufe. Daher haben in den von »befehlen«, [39] »bitten« u. s. w. abhängigen Nebensätzen die Worte ihre ungerade Bedeutung. Die Bedeutung eines solchen Satzes ist also nicht ein Wahrheitswerth, sondern ein Befehl, eine Bitte u. dgl.

Aehnlich ist es bei der abhängigen Frage in Wendungen wie »zweifeln, ob«, »nicht wissen, was«. Daß auch hier die Wörter in ihrer ungeraden Bedeutung zu nehmen sind, ist leicht zu sehn. Die abhängigen Fragesätze mit »wer«, »was«, »wo«, »wann«, »wie«, »wodurch« u. s. w. nähern sich zuweilen scheinbar sehr Adverbsätzen, in denen die Worte ihre gewöhnliche Bedeutung haben. Sprachlich unterscheiden sich diese Fälle durch den Modus des Verbs. Beim Conjunctiv haben wir abhängige Frage und ungerade Bedeutung der Worte, sodaß ein Eigenname nicht allgemein durch einen andern desselben Gegenstandes ersetzt werden kann.

In den bisher betrachteten Fällen hatten die Worte im Nebensatze ihre ungerade Bedeutung und daraus wurde erklärlich, daß auch die Bedeutung des Nebensatzes selbst eine ungerade war; d. h. nicht ein Wahrheitswerth, sondern ein Gedanke, ein Befehl, eine Bitte, eine Frage. Der Nebensatz konnte als Nennwort aufgefaßt werden, ja man könnte sagen: als Eigenname jenes Gedankens, jenes Befehls u. s. w., als welcher er in den Zusammenhang des Satzgefüges eintrat.

Wir kommen jetzt zu andern Nebensätzen, in denen die Worte zwar ihre gewöhnliche Bedeutung haben, ohne daß doch als Sinn ein Gedanke und als Bedeutung ein Wahrheitswerth auftritt. Wie das möglich ist, wird am besten an Beispielen deutlich.

»Der die elliptische Gestalt der Planetenbahnen entdeckte, starb im Elend.«

Wenn hier der Nebensatz als Sinn einen Gedanken hätte, so müßte es möglich sein, diesen auch in einem Hauptsatze auszudrücken. Aber dies geht nicht, weil das grammatische Subject »der« keinen selbständigen Sinn hat, sondern die Beziehungen auf den Nachsatz »starb im Elend« vermittelt. Daher ist auch der Sinn des Nebensatzes kein vollständiger Gedanke und seine Bedeutung kein Wahrheitswerth, sondern Kepler. Man könnte einwenden, daß der Sinn des Ganzen doch als Theil einen Gedanken einschließe, nämlich daß es einen gab, der die elliptische Gestalt der Planetenbahnen zuerst erkannte; denn wer das Ganze für wahr [40] halte, könne diesen Theil nicht verneinen. Das Letzte ist zweifellos; aber nur weil sonst der Nebensatz »der die elliptische Gestalt der Planetenbahnen entdeckte« keine Bedeutung hätte. Wenn man etwas behauptet, so ist immer die Voraussetzung selbstverständlich, daß die gebrauchten einfachen oder zusammengesetzten Eigennamen eine Bedeutung haben. Wenn man also behauptet, »Kepler starb im Elend«, so ist dabei vorausgesetzt, daß der Name »Kepler« etwas bezeichne; aber darum ist doch im Sinne des Satzes »Kepler starb im Elend« der Gedanke, daß der Name »Kepler« etwas bezeichne nicht enthalten. Wenn das der Fall wäre, müßte die Verneinung nicht lauten

»Kepler starb nicht im Elend«,

sondern

»Kepler starb nicht im Elend, oder der Name ›Kepler‹ ist bedeutungslos«

Daß der Name »Kepler« etwas bezeichne, ist vielmehr Voraussetzung ebenso für die Behauptung

»Kepler starb im Elend«

wie für die entgegengesetzte. Nun haben die Sprachen den Mangel, daß in ihnen Ausdrücke möglich sind, welche nach ihrer grammatischen Form bestimmt erscheinen, einen Gegenstand zu bezeichnen, diese ihre Bestimmung aber in besondern Fällen nicht erreichen, weil das von der Wahrheit eines Satzes abhängt. So hängt es von der Wahrheit des Satzes

»es gab einen, der die elliptische Gestalt der Planetenbahnen entdeckte«

ab, ob der Nebensatz

»der die elliptische Gestalt der Planetenbahnen entdeckte«

wirklich einen Gegenstand bezeichnet, oder nur den Schein davon erweckt, in der That jedoch bedeutungslos ist. Und so kann es scheinen, als ob unser Nebensatz als Theil seines Sinnes den Gedanken enthalte, es habe einen gegeben, der die elliptische Gestalt der Planetenbahnen entdeckte. Wäre das richtig, so müßte die Verneinung lauten:

»der die elliptische Gestalt der Planetenbahnen zuerst erkannte, starb nicht im Elend, oder es gab keinen der die elliptische Gestalt der Planetenbahnen entdeckte.« [41]

Dies liegt also an einer Unvollkommenheit der Sprache, von der übrigens auch die Zeichensprache der Analysis nicht ganz frei ist; auch da können Zeichenverbindungen vorkommen, die den Schein erwecken, als bedeuteten sie etwas, die aber wenigstens bisher noch bedeutungslos sind, z. B. divergente unendliche Reihen. Man kann dies vermeiden, z. B. durch die besondere Festsetzung, daß divergente unendliche Reihen die Zahl 0 bedeuten sollen. Von einer logisch vollkommenen Sprache (Begriffsschrift) ist zu verlangen, daß jeder Ausdruck, der aus schon eingeführten Zeichen in grammatisch richtiger Weise als Eigenname gebildet ist, auch in der That einen Gegenstand bezeichne, und daß kein Zeichen als Eigenname neu eingeführt werde, ohne daß ihm eine Bedeutung gesichert sei. Man warnt in den Logiken vor der Vieldeutigkeit der Ausdrücke als einer Quelle von logischen Fehlern. Für mindestens ebenso angebracht halte ich die Warnung vor scheinbaren Eigennamen, die keine Bedeutung haben. Die Geschichte der Mathematik weiß von Irrthümern zu erzählen, die daraus entstanden sind. Der demagogische Mißbrauch liegt hierbei ebenso nahe, vielleicht näher als bei vieldeutigen Wörtern. »Der Wille des Volks« kann als Beispiel dazu dienen; denn, daß es wenigstens keine allgemein angenommene Bedeutung dieses Ausdrucks giebt, wird leicht festzustellen sein. Es ist also durchaus nicht belanglos, die Quelle dieser Irrthümer wenigstens für die Wissenschaft ein für alle Mal zu verstopfen. Dann werden solche Einwände wie der eben besprochene unmöglich, weil es dann nie von der Wahrheit eines Gedankens abhängen kann, ob ein Eigenname eine Bedeutung hat.

Wir können diesen Nennsätzen eine Art der Beisätze und Adverbsätze in der Betrachtung anschließen, welche logisch nahe mit ihnen verwandt sind.

Auch Beisätze dienen dazu, zusammengesetzte Eigennamen zu bilden, wenn sie auch nicht wie die Nennsätze allein dazu hinreichen. Diese Beisätze sind Beiwörtern gleich zu achten. Statt »die Quadratwurzel aus 4, die kleiner ist als 0« kann man auch sagen »die negative Quadratwurzel aus 4«. Wir haben hier den Fall, daß aus einem Begriffsausdrucke ein zusammengesetzter Eigenname mit Hilfe des bestimmten Artikels im Singular gebildet wird, was jedenfalls dann erlaubt ist, wenn ein Gegenstand [42] und nur ein einziger unter den Begriff fällt[1]. Begriffsausdrücke können nun so gebildet werden, daß Merkmale durch Beisätze angegeben werden, wie in unserm Beispiele durch den Satz »die kleiner ist als 0«. Es ist einleuchtend, daß ein solcher Beisatz ebensowenig wie vorhin der Nennsatz als Sinn einen Gedanken noch als Bedeutung einen Wahrheitswerth haben kann, sondern er hat als Sinn nur einen Theil eines Gedankens, der in manchen Fällen auch durch ein einzelnes Beiwort ausgedrückt werden kann. Auch hier wie bei jenen Nennsätzen fehlt das selbständige Subject und damit auch die Möglichkeit, den Sinn des Nebensatzes in einem selbständigen Hauptsatze wiederzugeben.

Oerter, Zeitpunkte, Zeiträume sind, logisch betrachtet, Gegenstände; mithin ist die sprachliche Bezeichnung eines bestimmten Ortes, eines bestimmten Augenblicks oder Zeitraums als Eigenname aufzufassen. Adverbsätze des Orts und der Zeit können nun zur Bildung eines solchen Eigennamens in ähnlicher Weise gebraucht werden, wie wir es eben von den Nenn- und Beisätzen gesehn haben. Ebenso können Ausdrücke für Begriffe, die Oerter u. s. w. unter sich fassen, gebildet werden. Auch hier ist zu bemerken, daß der Sinn dieser Nebensätze nicht in einem Hauptsatze wiedergegeben werden kann, weil ein wesentlicher Bestandtheil, nämlich die Orts- oder Zeitbestimmung

1 Nach dem oben Bemerkten müßte einem solchen Ausdrucke eigentlich durch besondere Festsetzung immer eine Bedeutung gesichert werden, z. B. durch die Bestimmung, daß als seine Bedeutung die Zahl 0 zu gelten habe, wenn kein Gegenstand oder mehr als einer unter den Begriff fällt.

fehlt, die durch ein Relativpronomen oder ein Fügewort nur angedeutet ist[1].

Auch in den Bedingungssätzen ist meistens, wie wir es eben [43] bei Nenn-, Bei- und Adverbsätzen gesehn haben, ein unbestimmt andeutender Bestandtheil anzuerkennen, dem im Nachsatze ein ebensolcher entspricht. Indem beide auf einander hinweisen, verbinden sie beide Sätze zu einem Ganzen, das in der Regel nur einen Gedanken ausdrückt. In dem Satze

1 Es sind bei diesen Sätzen übrigens leicht verschiedene Auffassungen möglich. Den Sinn des Satzes »nachdem Schleswig-Holstein von Dänemark losgerissen war, entzweite sich Preußen und Oesterreich« können wir auch wiedergeben in der Form »nach Losreißung Schleswig-Holsteins von Dänemark entzweiten sich Preußen und Oesterreich«. Bei dieser Fassung ist es wohl hinreichend deutlich, daß als Theil dieses Sinnes nicht der Gedanke aufzufassen ist, daß Schleswig-Holstein einmal von Dänemark losgerissen ist, sondern daß dies die nothwendige Voraussetzung dafür ist, daß der Ausdruck »nach der Losreißung Schleswig-Holsteins von Dänemark« überhaupt eine Bedeutung habe. Es läßt sich freilich unser Satz auch so auffassen, daß damit gesagt sein soll, es sei einmal Schleswig-Holstein von Dänemark losgerissen worden. Dann haben wir einen Fall, der später zu betrachten sein wird. Versetzen wir uns, um den Unterschied klarer zu erkennen, in die Seele eines Chinesen, der bei seiner geringen Kenntniß europäischer Geschichte es für falsch hält, daß einmal Schleswig-Holstein von Dänemark losgerissen sei. Dieser wird unsern Satz, in der ersten Weise aufgefaßt, weder für wahr, noch für falsch halten, sondern ihm jede Bedeutung absprechen, weil dem Nebensatze eine solche fehlen würde. Dieser würde nur scheinbar eine Zeitbestimmung geben. Wenn er unsern Satz dagegen in der zweiten Weise auffaßt, wird er in ihm einen Gedanken ausgedrückt finden, den er für falsch hielte, neben einem Theile, der für ihn bedeutungslos wäre.

> »wenn eine Zahl kleiner als 1 und größer als 0 ist, so ist auch ihr Quadrat kleiner als 1 und größer als 0«

ist dieser Bestandtheil »eine Zahl« im Bedingungssatze und »ihr« im Nachsatze. Eben durch diese Unbestimmtheit erhält der Sinn die Allgemeinheit, welche man von einem Gesetze erwartet. Eben dadurch wird aber auch bewirkt, daß der Bedingungssatz allein keinen vollständigen Gedanken als Sinn hat und mit dem Nachsatze zusammen einen Gedanken, und zwar nur einen einzigen, ausdrückt, dessen Theile nicht mehr Gedanken sind. Es ist im Allgemeinen unrichtig, daß im hypothetischen Urtheile zwei Urtheile in Wechselbeziehung gesetzt werden. Wenn man so oder ähnlich sagt, gebraucht man das Wort »Urtheil« in demselben Sinne, den ich mit dem Worte »Gedanke« verbunden habe, sodaß ich dafür sagen würde: »in einem hypothetischen Gedanken werden zwei Gedanken in Wechselbeziehung gesetzt.« Dies könnte nur dann wahr sein, wenn ein unbestimmt andeutender Bestandtheil fehlte[1]; dann wäre aber auch keine Allgemeinheit vorhanden.

Wenn ein Zeitpunkt im Bedingungs- und Nachsatze unbestimmt anzudeuten ist, so geschieht es nicht selten nur durch das Tempus praesens des Verbs, das in diesem Falle nicht die Gegenwart mitbezeichnet. Diese grammatische Form ist dann im Haupt- und Nebensatze der unbestimmt andeutende Bestandtheil. »Wenn sich [44] die Sonne im Wendekreise des Krebses befindet, haben wir auf der nörd-

1 Zuweilen fehlt eine ausdrückliche sprachliche Andeutung und muß dem ganzen Zusammenhange entnommen werden.

lichen Erdhälfte den längsten Tag«, ist ein Beispiel dafür. Auch hier ist es unmöglich den Sinn des Nebensatzes in einem Hauptsatze auszudrücken, weil dieser Sinn kein vollständiger Gedanke ist; denn, wenn wir sagten: »die Sonne befindet sich im Wendekreise des Krebses«, so würden wir das auf unsere Gegenwart beziehen und damit den Sinn ändern. Ebensowenig ist der Sinn des Hauptsatzes ein Gedanke; erst das aus Haupt- und Nebensatz bestehende Ganze enthält einen solchen. Uebrigens können auch mehre gemeinsame Bestandtheile im Bedingungs- und Nachsatze unbestimmt angedeutet werden.

Es ist einleuchtend, daß Nennsätze mit »wer«, »was« und Adverbsätze mit »wo«, »wann«, »wo immer«, »wann immer« vielfach als Bedingungssätze dem Sinne nach aufzufassen sind, z. B. »Wer Pech angreift, besudelt sich.«

Auch Beisätze können Bedingungssätze vertreten. So können wir den Sinn unseres vorhin angeführten Satzes auch in der Form »das Quadrat einer Zahl, die kleiner als 1 und größer als 0 ist, ist kleiner als 1 und größer als 0« ausdrücken.

Ganz anders wird die Sache, wenn der gemeinsame Bestandtheil von Hauptsatz und Nebensatz durch einen Eigennamen bezeichnet wird. In dem Satze:

> »Napoleon, der die Gefahr für seine rechte Flanke erkannte, führte selbst seine Garden gegen die feindliche Stellung«

sind die beiden Gedanken ausgedrückt:

1. Napoleon erkannte die Gefahr für seine rechte Flanke;

2. Napoleon führte selbst seine Garden gegen die feindliche Stellung.

Wann und wo dies geschah, kann zwar nur aus dem Zusammenhange erkannt werden, ist aber als dadurch bestimmt anzusehen. Wenn wir unsern ganzen Satz als Behauptung aussprechen, so behaupten wir damit zugleich die beiden Theilsätze. Wenn einer dieser Theilsätze falsch ist, so ist damit das Ganze falsch. Hier haben wir den Fall, daß der Nebensatz für sich allein als Sinn einen vollständigen Gedanken hat (wenn wir ihn durch Zeit- und Ortsangabe ergänzen). Die Bedeutung des Nebensatzes ist demnach ein Wahrheitswerth. Wir können also erwarten, daß er sich unbeschadet der Wahrheit des Ganzen durch einen Satz von dem-[45]selben Wahrheitswerthe ersetzen lasse. Dies ist auch der Fall; nur muß beachtet werden, daß sein Subject »Napoleon« sein muß aus einem rein grammatischen Grunde, weil er nur dann in die Form eines zu »Napoleon« gehörenden Beisatzes gebracht werden kann. Sieht man aber von der Forderung ab, ihn in dieser Form zu sehn, und läßt man auch die Anreihung mit »und« zu, so fällt diese Beschränkung hinweg.

Auch in Nebensätzen mit »obgleich« werden vollständige Gedanken ausgedrückt. Dieses Fügewort hat eigentlich keinen Sinn und verändert auch den Sinn des Satzes nicht, sondern beleuchtet ihn nur in eigenthümlicher Weise[1]. Wir könnten zwar unbeschadet der Wahrheit des Ganzen den Concessivsatz durch einen andern desselben Wahrheitswerthes ersetzen; aber die Beleuchtung würde dann leicht

1 Aehnliches haben wir bei »aber« [und] »doch«.

unpassend erscheinen, wie wenn man ein Lied traurigen Inhalts nach einer lustigen Weise singen wollte.

In den letzten Fällen schloß die Wahrheit des Ganzen die Wahrheit der Theilsätze ein. Anders ist es, wenn ein Bedingungssatz einen vollständigen Gedanken ausdrückt, indem er statt des nur andeutenden Bestandtheils einen Eigennamen enthält oder etwas, was dem gleich zu achten ist. In dem Satze

> »wenn jetzt die Sonne schon aufgegangen ist, ist der Himmel stark bewölkt«

ist die Zeit die Gegenwart, also bestimmt. Auch der Ort ist als bestimmt zu denken. Hier kann man sagen, daß eine Beziehung zwischen den Wahrheitswerthen des Bedingungs- und Folgesatzes gesetzt sei, nämlich die, daß der Fall nicht stattfinde, wo der Bedingungssatz das Wahre und der Nachsatz das Falsche bedeute. Danach ist unser Satz wahr, sowohl wenn jetzt die Sonne noch nicht aufgegangen ist, sei nun der Himmel stark bewölkt oder nicht, als auch wenn die Sonne schon aufgegangen ist und der Himmel stark bewölkt ist. Da es hierbei nur auf die Wahrheitswerthe ankommt, so kann man jeden der Theilsätze durch einen andern von gleichem Wahrheitswerthe ersetzen, ohne den Wahrheitswerth des Ganzen zu ändern. Freilich würde auch hier die Beleuchtung meistens unpassend werden; der Gedanke würde leicht abgeschmackt [46] erscheinen; aber das hat mit seinem Wahrheitswerthe nichts zu thun. Man muß dabei immer beachten, daß Nebengedanken mit anklingen, die aber nicht eigentlich ausgedrückt sind und darum in den Sinn des Satzes nicht eingerechnet werden dürfen, auf deren Wahrheitswerth es also nicht ankommen kann[1].

Damit möchten die einfachen Fälle besprochen sein. Werfen wir hier einen Blick auf das Erkannte zurück!

Der Nebensatz hat meistens als Sinn keinen Gedanken, sondern nur einen Theil eines solchen und folglich als Bedeutung keinen Wahrheitswerth. Dies hat entweder darin seinen Grund, daß im Nebensatze die Wörter ihre ungerade Bedeutung haben, sodaß die Bedeutung, nicht der Sinn des Nebensatzes ein Gedanke ist, oder darin, daß der Nebensatz wegen eines darin nur unbestimmt andeutenden Bestandtheils unvollständig ist, sodaß er erst mit dem Hauptsatze zusammen einen Gedanken ausdrückt. Es kommen aber auch Fälle vor, wo der Sinn des Nebensatzes ein vollständiger Gedanke ist, und dann kann er unbeschadet der Wahrheit des Ganzen durch einen andern von demselben Wahrheitswerthe ersetzt werden, soweit nicht grammatische Hindernisse vorliegen.

Wenn man alle aufstoßenden Nebensätze hierauf ansieht, so wird man bald solche treffen, die nicht recht in diese Fächer passen wollen. Der Grund davon wird, soviel ich sehe, darin liegen, daß diese Nebensätze keinen so einfachen Sinn haben. Fast immer scheint es, verbinden wir mit einem Hauptgedanken, den wir aussprechen, Nebengedanken, die auch der Hörer, obwohl sie nicht ausgedrückt werden, mit unsern Worten verknüpft nach psychologi-

1 Man könnte den Gedanken unsers Satzes auch so ausdrücken:
»entweder ist jetzt die Sonne noch nicht aufgegangen, oder der Himmel ist stark bewölkt«,
woraus zu ersehen, wie diese Art der Satzverbindung aufzufassen ist.

schen Gesetzen. Und weil sie so von selbst mit unsern Worten verbunden erscheinen, fast wie der Hauptgedanke selbst, so wollen wir dann auch wohl einen solchen Nebengedanken mit ausdrücken. Dadurch wird der Sinn des Satzes reicher und es kann wohl geschehn, daß wir mehr einfache Gedanken als Sätze haben. In manchen Fällen muß der Satz so verstanden werden, in andern kann es zweifelhaft sein, ob der Nebengedanke mit zum Sinne des Satzes gehört oder [47] ihn nur begleitet[1]. So könnte man vielleicht finden, daß in dem Satze

> »Napoleon, der die Gefahr für seine rechte Flanke erkannte, führte selbst seine Garden gegen die feindliche Stellung«

nicht nur die beiden oben angegebenen Gedanken ausgedrückt wären, sondern auch der, daß die Erkenntnis der Gefahr der Grund war, weshalb er die Garden gegen die feindliche Stellung führte. Man kann in der That zweifelhaft sein, ob dieser Gedanke nur leicht angeregt, oder ob er wirklich ausgedrückt wird. Man lege sich die Frage vor, ob unser Satz falsch wäre, wenn Napoleons Entschluß schon vor der Wahrnehmung der Gefahr gefaßt wäre. Könnte unser Satz trotzdem wahr sein, so wäre unser Nebengedanke nicht als Theil des Sinnes unsers Satzes aufzufassen. Wahrscheinlich wird man sich dafür entscheiden. Im andern Falle würde die Sachlage recht verwickelt: wir hätten dann mehr einfache Gedanken als Sätze. Wenn wir nun auch den Satz

1 Für die Frage, ob eine Behauptung eine Lüge, ein Eid ein Meineid sei, kann dies von Wichtigkeit werden.

»Napoleon erkannte die Gefahr für seine rechte Flanke«

durch einen andern desselben Wahrheitswerthes ersetzten, z. B. durch

»Napoleon war schon über 45 Jahre alt,«

so würde damit nicht nur unser erster, sondern auch unser dritter Gedanke geändert und damit könnte auch dessen Wahrheitswerth ein anderer werden – dann nämlich, wenn sein Alter nicht Grund des Entschlusses war, die Garden gegen den Feind zu führen. Hieraus ist zu sehn, weshalb in solchen Fällen nicht immer Sätze von demselben Wahrheitswerthe für einander eintreten können. Der Satz drückt dann eben vermöge seiner Verbindung mit einem andern mehr aus, als für sich allein.

Betrachten wir nun Fälle, wo solches regelmäßig vorkommt. In dem Satze

»Bebel wähnt, daß durch die Rückgabe Elsaß-Lothringens Frankreichs Rachegelüste beschwichtigt werden können«

sind zwei Gedanken ausgedrückt, von denen aber nicht der eine dem Haupt-, der andere dem Nebensatze angehört, nämlich

1) Bebel glaubt, daß durch die Rückgabe Elsaß-Lothringens Frankreichs Rachegelüste beschwichtigt werden können; [48]

2) durch die Rückgabe Elsaß-Lothringens können Frankreichs Rachegelüste nicht beschwichtigt werden.

In dem Ausdrucke des ersten Gedankens haben die Worte des Nebensatzes ihre ungerade Bedeutung, während dieselben Worte im Ausdrucke des zweiten Gedankens ihre gewöhnliche Bedeutung haben. Wir sehn daraus, daß der Nebensatz in unserm ursprünglichen Satzgefüge eigentlich doppelt zu nehmen ist mit verschiedenen Bedeutungen, von denen die eine ein Gedanke, die andere ein Wahrheitswerth ist. Weil nun der Wahrheitswerth nicht die ganze Bedeutung des Nebensatzes ist, können wir diesen nicht einfach durch einen andern desselben Wahrheitswerthes ersetzen. Aehnliches haben wir bei Ausdrücken wie »wissen«, »erkennen«, »es ist bekannt«.

Mit einem Nebensatze des Grundes und dem zugehörigen Hauptsatze drücken wir mehrere Gedanken aus, die aber nicht den Sätzen einzeln entsprechen. In dem Satze

»weil das Eis specifisch leichter als Wasser ist, schwimmt es auf dem Wasser«

haben wir

1) das Eis ist specifisch leichter als Wasser;

2) wenn etwas specifisch leichter als Wasser ist, so schwimmt es auf dem Wasser;

3) das Eis schwimmt auf dem Wasser.

Der dritte Gedanke brauchte allenfalls nicht ausdrücklich aufgeführt zu werden als in den ersten beiden enthalten. Dagegen würden weder der erste und dritte, noch der zweite und dritte zusammen den Sinn unsers Satzes ausmachen. Man sieht nun, daß in unserm Nebensatze

»weil das Eis specifisch leichter als Wasser ist«

sowohl unser erster Gedanke, als auch ein Theil unsers zweiten ausgedrückt ist. Daher kommt es, daß wir unsern Nebensatz nicht einfach durch einen andern desselben Wahrheitswerthes ersetzen können; denn dadurch würde auch unser zweiter Gedanke geändert und davon könnte leicht auch dessen Wahrheitswerth berührt werden.

Aehnlich ist die Sache in dem Satze

»wenn Eisen specifisch leichter als Wasser wäre, so würde es auf dem Wasser schwimmen.« [49]

Wir haben hier die beiden Gedanken, daß Eisen nicht specifisch leichter ist als Wasser, und daß etwas auf dem Wasser schwimmt, wenn es specifisch leichter als Wasser ist. Der Nebensatz drückt wieder den einen und einen Theil des andern Gedankens aus.

Wenn wir den früher betrachteten Satz

»nachdem Schleswig-Holstein von Dänemark losgerissen war, entzweiten sich Preußen und Oesterreich«

so auffassen, daß darin der Gedanke ausgedrückt ist, es sei einmal Schleswig-Holstein von Dänemark losgerissen worden, so haben wir erstens diesen Gedanken, zweitens den Gedanken, daß zu einer Zeit, die durch den Nebensatz näher bestimmt ist, Preußen und Oesterreich sich entzweiten. Auch hier drückt dann der Nebensatz nicht nur einen Gedanken, sondern auch einen Theil eines andern aus. Daher darf man ihn nicht allgemein durch einen andern desselben Wahrheitswerthes ersetzen.

Es ist schwer, alle in der Sprache gegebenen Möglichkeiten zu erschöpfen; aber ich hoffe doch im Wesentlichen die Gründe aufgefunden zu haben, warum nicht immer unbeschadet der Wahrheit des ganzen Satzgefüges ein Nebensatz durch einen andern desselben Wahrheitswerthes vertreten werden kann. Diese sind

1) daß der Nebensatz keinen Wahrheitswerth bedeutet, indem er nur einen Theil eines Gedankens ausdrückt;

2) daß der Nebensatz zwar einen Wahrheitswerth bedeutet, aber sich nicht darauf beschränkt, indem sein Sinn außer einem Gedanken auch noch einen Theil eines andern Gedankens umfaßt.

Der erste Fall tritt ein

a) bei der ungeraden Bedeutung der Worte,

b) wenn ein Theil des Satzes nur unbestimmt andeutet, statt ein Eigenname zu sein.

Im zweiten Falle kann der Nebensatz doppelt zu nehmen sein, nämlich einmal in gewöhnlicher Bedeutung, das andre Mal in ungerader Bedeutung; oder es kann der Sinn eines Theiles des Nebensatzes zugleich Bestandtheil eines andern Gedankens sein, der mit dem unmittelbar im Nebensatze ausgedrückten zusammen den ganzen Sinn des Haupt- und Nebensatzes ausmacht.

Hieraus geht wohl mit hinreichender Wahrscheinlichkeit hervor, daß die Fälle, wo ein Nebensatz nicht durch einen andern desselben Wahrheitswertes ersetzbar ist, nichts gegen unsere Ansicht beweisen [50] der Wahrheitswerth sei die Bedeutung des Satzes, dessen Sinn ein Gedanke ist.

Kehren wir nun zu unserm Ausgangspunkte zurück!

Wenn wir den Erkenntniswert von »a = a« und »a = b« im Allgemeinen verschieden fanden, so erklärt sich das dadurch, daß für den Erkenntniswerth der Sinn des Satzes, nämlich der in ihm ausgedrückte Gedanke, nicht minder in Betracht kommt als seine Bedeutung, das ist sein Wahrheitswerth. Wenn nun a = b ist, so ist zwar die Bedeutung von »b« dieselbe wie die von »a« und also auch der Wahrheitswerth von »a = b« derselbe wie von »a = a«. Trotzdem kann der Sinn von »b« von dem Sinne von »a« verschieden sein, und mithin auch der in »a = b« ausgedrückte Gedanke verschieden von dem »a = a« ausgedrückten sein; dann haben beide Sätze auch nicht denselben Erkenntnißwerth. Wenn wir wie oben unter »Urteil« verstehn den Fortschritt vom Gedanken zu dessen Wahrheitswerthe, so werden wir auch sagen, daß die Urteile verschieden sind.

Zu dieser Ausgabe

Textgrundlage dieser Ausgabe ist:

> Frege, Gottlob: Über Sinn und Bedeutung. In: Zeitschrift für Philosophie und philosophische Kritik. Bd. 100/101 (1892) S. 25–50.

Die Originalpaginierung wird in eckigen Klammern wiedergegeben. Die Rechtschreibung und Zeichensetzung folgt der Vorlage buchstaben- und zeichengenau. Eingriffe im Text (etwa wegen offensichtlicher Schreibversehen) sind im Folgenden aufgelistet. Vor dem Lemmazeichen] steht jeweils die verbesserte Form.

Über Sinn und Bedeutung

7,12 bestimmter] bestimmtes
8,4 gelangen] gelanges
11,17 bezeichnen] bezeichen
12,4 kaum] kanm
12,26 f. Dichtkunst und Beredtsamkeit] Dichtkunst Beredtsamkeit
16,19 Wahrheitswerth] Wahrheitswerth-
21,12 und »Copernicus] und Copernicus
22,19 Ueberzeugung gewann] Ueberzeugung.gewann
26,25 Ausdruck,] Ausdruck
31,12 mit »wer«] »mit wer«
37,15 In dem Satze] Der Satz

Die Anmerkungen beziehen sich auf Seiten und Zeilen der vorliegenden Ausgabe. Im Nachwort bezieht sich die erste Angabe der Doppelpaginierung auf die vorliegende Ausgabe, die zweite auf die Originalausgabe.

Anmerkungen

5,7 f. *in meiner Begriffsschrift:* Frege bezieht sich hier auf sein Werk *Begriffsschrift*, in dem er vom arithmetischen Gleichheitszeichen sagt, dass es »sich auf Namen, nicht auf Inhalte bezieht« (S. 13, § 8). Siehe dazu S. 64.

7,14 *in einem anderen Aufsatze:* vgl. *Begriff und Gegenstand.*

8,24 f. *die am wenigsten convergente Reihe:* Dies ist ein Beispiel aus der Analysis. Nähert sich eine Folge von Zahlen einem Grenzwert an, dann heißt sie konvergent. Abweichungen von einem Grenzwert, also einem »Weniger an Konvergenz« oder einer Divergenz, ist keine Grenze gesetzt, sie können in beliebiger Größe ausfallen. Es gibt daher keinen bestimmten Wert, der durch den oben verwendeten Ausdruck bezeichnet wird.

10,12 *Bucephalus:* Name des berühmten Streitrosses Alexanders des Großen (von altgriech.: *buképhalos,* ›Ochsenköpfiger‹, benannt vermutlich aufgrund der Form seines Brandzeichens oder gewaltigen Schädels).

10,16 *Modus:* lat. ›Art und Weise‹. Frege verwendet dieses Wort in der neuzeitlichen Sinnrichtung für eine konkrete Bestimmung, die sich von demjenigen, was sie bestimmt, nicht abtrennen lässt, wie etwa die bestimmte Maserung eines Holztisches nicht ohne diesen Tisch existieren kann. Vgl. Lorenz (2004b).

11,9 *Si duo idem faciunt, non est idem:* lat. ›Wenn zwei dasselbe tun, ist es nicht dasselbe‹.

13,15 *idealistischer:* Adjektiv zu »Idealismus«, allgemein eine (weitverzweigte) philosophische Position, die in verschiedenen Formen das erkennende Bewusstsein als Grundlage der von ihm erkannten Gegenstände betrachtet. Darunter versteht Frege hier die Auffassung, dass Gegenstände nur als Vorstellungen in einem Bewusstsein existieren. Siehe dazu S. 76.

13,15 *skeptischer:* Adjektiv zu »Skepsis«, allgemein eine philosophische Haltung, die den Wert des Zweifels betont. Damit meint Frege hier die Auffassung, dass die Existenz von Gegenständen außerhalb des Bewusstseins stets zweifelhaft bleibt. Siehe dazu S. 76.

15,12 *Prädicat:* hier: das logische Prädikat, also dasjenige, was in bestimmten Arten von Aussagesätzen (nämlich »prädikativen«) von etwas (dem logischen Subjekt) ausgesagt wird und es dadurch näher bestimmt. Hier besteht das Prädikat zu »Odysseus« als logischem Subjekt in »... wurde tief schlafend in Ithaka ans Land gesetzt«.

18,17 *Leibnitz erklärt gradezu: »Eadem sunt, quae sibi mutuo substitui possunt, salva veritate«:* These des deutschen Philosophen Gottfried Wilhelm Leibniz (1646–1716): »Dasselbe ist, was einander wechselseitig so ersetzen kann, dass dabei der Wahrheitswert bewahrt bleibt.« Hier nicht ausdrücklich gesagt, aber gemeint ist dabei, dass diese Ersetzung *immer*, in allen Kontexten möglich sein sollte. Diese Aussage findet sich sinngemäß beispielsweise in Leibniz (1961), S. 264 und 475. Zu weiteren Belegstellen sowie zur Verwendung dieses Prinzips bei Frege und damit zusammenhängenden systematischen Fragen vgl. Künne (2010), S. 270–306.

21,11 *Copernicus:* Nikolaus Kopernikus (1473–1543), Astronom und Arzt. Zum wissenschaftsgeschichtlichen Hintergrund vgl. Heichele (2016), S. 192–195.

21,12 *Schein:* hier: Anschein.

24,24 *Kepler:* Johannes Kepler (1571–1630), berühmter Astronom. Zum Hintergrund vgl. Heichele (2016), S. 196–198.

26,21 *divergente unendliche Reihen:* siehe dazu die Anm. zu 8,24 f. Beim hier gegebenen Beispiel ist es nicht absehbar, wie sich die Divergenz einer unendlichen Reihe entwickelt. Kein Zeichen kann sich daher auf eine bestimmte derartige Reihe beziehen und damit im Verständnis Freges eine Bedeutung haben.

30,11 f. *hypothetischen Urtheile:* Darunter werden seit Kant Urteile der Form »wenn p, dann q« verstanden.

36,16 *Bebel:* August Bebel (1840–1913), SPD-Politiker, hielt am 26. November 1870 eine Rede im norddeutschen Reichstag und wurde daraufhin heftigst attackiert: »Es ist notwendig, daß alles das, was dazu beitragen kann, Frankreich auf das äußerste zu treiben, unterlassen wird, und daß dasjenige, was es einmal seit Jahrhunderten besitzt, heute ihm auch gelassen wird, um so mehr, da ja Elsaß und Lothringen, mit Ausnahme von ein paar Dutzend Leuten, also die ganze Bevölkerung, entschieden gegen diese Annexion ist.« Vgl. Bebel (1968).

Literaturhinweise

Es empfiehlt sich, *Über Sinn und Bedeutung* im Kontext von *Begriffsschrift* und *Grundgesetze der Arithmetik* zu lesen sowie als parallele Texte *Über Begriff und Gegenstand* und *Funktion und Begriff* hinzuzuziehen. Hilfreich ist ein Blick auf die Korrespondenz mit Bertrand Russell und Edmund Husserl (*Wissenschaftlicher Briefwechsel*) sowie auf Freges Überlegungen in den *Nachgelassenen Schriften*, S. 128–136, und die dortigen Einführungen. Hintergrundinformationen und Einzelerklärungen bieten *Funktion, Begriff, Bedeutung*, Mayer (1996), Stepanians (2001) und Wille (2013). Auch gehobeneren Ansprüchen genügt Kutschera (1989).

Frege entfaltet Themen aus *Über Sinn und Bedeutung* weiter in seinen *Logischen Untersuchungen*, die Künne (2010b) so kommentiert, dass damit eine umfassende Fundgrube einschlägiger Stellen- und Quellenangaben sowie philosophischer Reflexionen bereitsteht.

Einen Einstieg in die neuere Diskussion über Frege ermöglicht Bengtsson (2018).

Das, was Stepanians (2001), S. 188, über die Frege-Studien von Dummett sagt – sie seien gegenüber dem bloß Einführenden »anspruchsvoller und unverzichtbar« –, gilt auch für die Essays von Burge.

Ausgaben

Begriffsschrift, eine der arithmetischen nachgebildete Formelsprache des reinen Denkens. Halle a. d. S. 1879. [Zit. nach der Originalpaginierung in *Begriffsschrift und andere Aufsätze*.]

Die Grundlagen der Arithmetik. Eine logisch arithmetische Untersuchung über den Begriff der Zahl. Breslau 1884. Nachdr. Mit einem Nachw. hrsg. von Joachim Schulte. Stuttgart 2011. (Reclams Universal-Bibliothek. 8425.)

Funktion und Begriff. Jena 1891. [Zit. nach der Originalpaginierung in *Funktion, Begriff, Bedeutung*.]

Über Begriff und Gegenstand. In: Vierteljahresschrift für wissen-

schaftliche Philosophie 16 (1892) S. 192–205. [Zit. nach der Originalpaginierung in *Funktion, Begriff, Bedeutung.*]
Über Sinn und Bedeutung. In: Zeitschrift für Philosophie und philosophische Kritik 100/101 (1892) S. 25–50. [Auch in *Funktion, Begriff, Bedeutung.*]
Grundgesetze der Arithmetik. Begriffsschriftlich abgeleitet. 2 Bde. Jena 1893/1903. Nachdr. Hildesheim 1962.
Der Gedanke. Eine logische Untersuchung. Beiträge zur Philosophie des deutschen Idealismus 1 (1918) S. 58–77. [Zit. nach der Originalpaginierung in Künne (2010b).]
Neuer Versuch der Grundlegung der Arithmetik. [1924/1925. In: *Nachgelassene Schriften.* S. 298–302.]
Funktion, Begriff, Bedeutung. Fünf logische Studien. Hrsg. von Günter Patzig. Göttingen 1966.
Logische Untersuchungen. Hrsg. von Günter Patzig. Göttingen 1966.
Wissenschaftlicher Briefwechsel. Hrsg., bearb., eingel. und mit Anm. von Gottfried Gabriel [u. a.]. Hamburg 1976.
Nachgelassene Schriften. Unter Mitw. von Gottfried Gabriel und Walburga Rödding. Bearb., eingel. und mit Anm. von Hans Hermes [u. a.]. Hamburg [2]1983.
Gottlob Freges politisches Tagebuch. Mit Einl. und Komm. hrsg. von Gottfried Gabriel und Wolfgang Kienzler. In: Deutsche Zeitschrift für Philosophie 42 (1994) H. 6. S. 1057–1098.
Begriffsschrift und andere Aufsätze. Mit E. Husserls und H. Scholz' Anmerkungen hrsg. von Ignacio Angelelli. Hildesheim / Zürich / New York [2]2007.
Funktion – Begriff – Bedeutung. Hrsg. von Mark Textor, Göttingen [2]2007.

Weiterführende Literatur

Beaney, Michael (Hrsg.): The Frege Reader. Oxford/Malden 1997.
Bebel, August: Rede im Norddeutschen Reichstag gegen den Deutsch-Französischen Krieg und die Annexion von Elsass-Loth-

ringen. In: Helmut Hirsch: *August Bebel. Sein Leben in Dokumenten, Reden und Schriften.* Köln/Berlin 1968. S. 158–162.

Bengtsson, Gisela [u. a.] (Hrsg.): New Essays on Frege. Between Science and Literature. Cham 2018.

Burge, Tyler: Truth – Thought – Reason. Essays on Frege. Oxford 2005.

Busche, Hubertus: Leibniz' Weg ins perspektivische Universum. Eine Harmonie im Zeitalter der Berechnung. Hamburg 2016.

Cantor, Georg: Gesammelte Abhandlungen. Berlin 1932.

Dummett, Michael: The Interpretation of Frege's Philosophy. Cambridge 1981.

– Frege. Philosophy of Language. London [2]1981.

– Ursprünge der analytischen Philosophie. Übers. von Joachim Schulte. Frankfurt a. M. 1988.

– Frege. Philosophy of Mathematics. Cambridge [2]1995.

Engler, Wolfgang: Pathologische Vernunft. In: Die Zeit 8 (1995). Online: https://www.zeit.de/1995/08/Gottlob_Frege_Wolfgang_Engler_Pathologische_Vernunft_ZEIT_Nr [Letzter Aufruf am 5. 3. 2019.]

Gabriel, Gottfried: Science and Fiction: A Fregean Approach. In: Bengtsson (2018) S. 9–22.

Heichele, Thomas: Die erkenntnistheoretische Rolle der Technik bei Leonardo da Vinci und Galileo Galilei im ideengeschichtlichen Kontext. Münster 2016.

Hösle, Vittorio: Kritik der verstehenden Vernunft. Eine Grundlegung der Geisteswissenschaften. München 2018.

Hylton, Peter: Frege and Russell. In: Ricketts (2010) S. 509–549.

Götzinger, Max Wilhelm: Die deutsche Sprache und ihre Literatur [1839]. Bd. II. Nachdr. Hildesheim / New York 1977.

Kambartel, Friedrich: Anschauung. In: Mittelstraß (2004) Bd. 1. S. 120 f.

Kant, Immanuel: Kritik der reinen Vernunft. In: Kant (1968) Bd. III–IV.

– Logik. In: Kant (1968) Bd. VI.

– Werke. 12 Bde. Hrsg. von Wilhelm Weischedel. Frankfurt a. M. 1968. [Theoriewerkausgabe; zit. nach den Seitenzahlen der Originalauflagen.]

Kenny, Anthony: Geschichte der abendländischen Philosophie. Bd. III: Neuzeit. Aus dem Engl. übers. von Manfred Weltecke. Studienausgabe. Darmstadt 2016.
Kreiser, Lothar: Gottlob Frege. Leben – Werk – Zeit. Hamburg 2001.
Kripke, Saul A.: Name und Notwendigkeit. Übers. von Ursula Wolf. Frankfurt a. M. 1981.
– Referenz und Existenz. Aus dem Engl. übers. von Uwe Voigt. Stuttgart 2014.
– Aufsätze aus »Philosophical Troubles«. Aus dem amerik. Engl. übers. und hrsg. von Uwe Voigt. Stuttgart 2017a. (Reclams Universal-Bibliothek. 19181.)
– Die erste Person. In: Kripke 2017a. S. 199–266. [Zit. als 2017b.]
Künne, Wolfgang (2010a): »Eadem sunt, quae sibi mutuo substitui possunt, salva veritate«. Leibniz über Identität und Austauschbarkeit. In: Jahrbuch der Akademie der Wissenschaften zu Göttingen 2009 (2010a) S. 110–119.
– Die Philosophische Logik Gottlob Freges. Ein Kommentar, Frankfurt a. M. 2010b.
Kutschera, Franz von: Gottlob Frege – eine Einführung in sein Werk. Berlin 1989.
Leibniz, Gottfried Wilhelm: Monadologie. In: G. W. L.: Monadologie und andere metaphysische Schriften. Hrsg. von Ulrich Johannes Schneider. Hamburg 2014.
– Opuscules et Fragments inédits de Leibniz. Extraits de manuscrits de la Bibliothèque royale de Hanovre par Louis Couturat. Hildesheim 1961.
Leo, Per / Maximilian Steinbeis / Daniel-Pascal Zorn: Mit Rechten reden. Ein Leitfaden. Stuttgart 2017.
Lorenz, Kuno: Metasprache. In: Mittelstraß (2004) Bd. 2. S. 575. [Zit. als 2004a.]
– Modus. In: Mittelstraß (2004) Bd. 2. S. 916 f. [Zit. als 2004b.]
– Objektsprache. In: Mittelstraß (2004) Bd. 2. S. 1054 f. [Zit. als 2004c.]
Mayer, Verena: Gottlob Frege, München 1996.
Mittelstraß, Jürgen (Hrsg.): Enzyklopädie Philosophie und Wissenschaftstheorie. Bd. 1–4. Unveränd. Sonderausg. Darmstadt 2004.

Nielsen, Karsten Hvidtfelt: Frege – The Unintentional Linguist. On Frege's Views of Language in the Context of 19th Century German Linguistics. In: Tidsskrift for Sprogforskning 6 (2008) Nr. 3. S. 1–35.
Potter, Michael / Tom Ricketts (Hrsg.): The Cambridge Companion to Frege. Cambridge [u. a.] 2010.
Quine, Willard Van Orman: From a Logical Point of View / Von einem logischen Standpunkt aus. Drei ausgewählte Aufsätze. Engl./Dt. Hrsg. von Roland Bluhm und Christian Nimtz. Übers. von Roland Bluhm. Komm. von Christian Nimtz. Stuttgart 2011a. (Reclams Universal-Bibliothek. 18486.)
– Two Dogmas of Empiricism / Zwei Dogmen des Empirismus. In: Quine (2011a) S. 56–127. [Zit. als 2011b.]
Reck, Erich H. (Hrsg.): From Frege to Wittgenstein. Perspectives on Early Analytic Philosophy. Oxford 2002a.
– Wittgenstein's »Great Debt« to Frege: Biographical Traces and Philosophical Themes. In: Reck (2002a) S. 3–28. [Zit. als 2002b.]
Russell, Bertrand: Philosophische und politische Aufsätze. Hrsg. von Ulrich Steinvorth. München 1971a.
– Über das Kennzeichnen. In: Russell (1971a) S. 3–22. [Zit. als 1971b.]
Soames, Scott: The Analytic Tradition in Philosophy. Bd. 1: The Founding Giants. Princeton 2014.
Stenlund, Sören: Frege's Critique of Formalism. In: Bengtsson (2018) S. 75–86.
Stepanians, Markus: Gottlob Frege zur Einführung. Hamburg 2001.
Sundholm, Göran: Frege, August Bebel and the Return of Alsace-Lorrain: The Dating of the Distinction between *Sinn* and *Bedeutung*. In: History and Philosophy of Logic 22 (2001) S. 57–73.
Tugendhat, Ernst: Vorlesungen zur Einführung in die sprachanalytische Philosophie. Frankfurt a. M. 1976.
– / Ursula Wolf: Logisch-semantische Propädeutik. Stuttgart 2001. (Reclams Universal-Bibliothek. 8206.)
Westerkamp, Dirk: Sachen und Sätze. Untersuchungen zur symbolischen Reflexion der Sprache. Hamburg 2014.
Wille, Matthias: Frege. Einführung und Texte. Paderborn 2013.
– ›Largely unknown‹. Frege und der posthume Ruhm. Paderborn 2016.

Wittgenstein, Ludwig: Philosophische Untersuchungen. In: Wittgenstein (1984) Bd. 1.
– Tractatus logico-philosophicus. In: Wittgenstein (1984) Bd. 1.
– Werkausgabe. Frankfurt a. M. 1984.
Zorn, Daniel-Pascal: Vom Gebäude zum Gerüst. Entwurf einer Komparatistik reflexiver Figurationen in der Philosophie. Berlin 2016.
– Einführung in die Philosophie. Frankfurt a. M. 2018.

Kleines Glossar

analytisch: Bezeichnung für eine Art von Urteilen, die sich allein durch ihre Untersuchung (Analyse) als wahr erweisen lassen. Diese Untersuchung besteht für Kant in dem Nachweis, dass das logische Prädikat solcher Urteile schon in ihrem logischen Subjekt enthalten ist, und für Frege darin, dass sich ein Urteil aus rein allgemeinen, letztlich logischen Prinzipien ableiten lässt.

a posteriori: Bezeichnung für eine Erkenntnis, die durch Erfahrung gewonnen wird.

a priori: Bezeichnung für eine Erkenntnis, die vorgängig zur Erfahrung gewonnen wird.

Aussagesatz, prädikativer: Aussagesatz mit der logischen Form *S ist P*.

Bedeutung (bei Frege): der Gegenstand, auf den sich ein sprachlicher Ausdruck bezieht.

Bezeichnendes: ein Zeichen, das sich auf einen Gegenstand bezieht.

Bezeichnetes: der Gegenstand, auf den sich ein sprachlicher Ausdruck bezieht.

Junktor: Bestandteil der logischen Form einer komplexen Aussage, durch den einige ihrer mit einem Wahrheitswert versehenen Teile wahrheitsfunktional miteinander verbunden werden, d. h. so, dass der Wahrheitswert dieser Verbindung ausschließlich von den Wahrheitswerten jener Teile und der Art des Junktoren abhängen.

koreferenziell: sich auf denselben Gegenstand beziehend.

Logizismus: philosophische These, der zufolge sich die Arithmetik vollständig von der Logik ableiten lässt.

Metasprache: die Sprache, in der über die Objektsprache gesprochen wird.

Objektsprache: die Sprache, über die in der Metasprache gesprochen wird.

Prädikat (logisches): dasjenige, was in einem prädikativen Aussagesatz über etwas (das logische Subjekt) ausgesagt wird.

Rede, gerade: wörtliche Wiedergabe einer Aussage, geläufiger Weise durch Anführungszeichen ausgewiesen.

Rede, ungerade: nicht wörtliche Wiedergabe einer Aussage, exemplarisch mit einer Wendung wie »er/sie sagte, dass …« eingeleitet.

Referenz: die Bezugnahme eines sprachlichen Ausdrucks auf einen Gegenstand.

Schlussform: eine logische Form, aufgrund derer ein Teil einer komplexen Aussage (Konklusion) nicht falsch sein kann, wenn weitere Teile dieser Aussage (Prämissen) wahr sind.

Sinn (bei Frege): die Art und Weise, wie ein Gegenstand gegeben ist; in *Über Sinn und Bedeutung* untersucht als »Art des Gegebenseins« durch sprachliche Ausdrücke.

Subjekt (logisches): dasjenige, wovon in einem prädikativen Aussagesatz etwas ausgesagt wird.

synthetisch: Bezeichnung für eine Art von Urteilen, die Inhalte miteinander in Beziehung setzen, die voneinander unabhängig sind.

Terminus, singulärer: ein wohlbestimmter sprachlicher Ausdruck, der sich auf genau einen Gegenstand beziehen kann.

Terminus, singulärer, leerer: ein singulärer Terminus, der keinen Gegenstand bezeichnet.

Transzendental: Gemäß Kant der Umstand, dass bestimmte Erkenntnisformen die jeweiligen Gegenstände der Erkenntnis umfassen und prägen.

Tabelle grammatikalischer Fachbegriffe[1]

Adverbsatz	Heute »Adverbialsatz«: Nebensatz mit adverbialer Funktion (»Als der Morgenstern aufging«).
Bedingungssatz	Nebensatz, der den Vordersatz eines konditionalen Satzgefüges darstellt (»Wenn der Morgenstern aufgeht«).
Beisatz	Nebensatz mit adjektivischer Funktion (»Das Dreieck, das einen rechten Winkel hat«).
Concessivsatz	Adverbsatz (s. o.), der eine enttäuschte Erwartung mit ausdrückt (»Obwohl der Morgenstern aufgeht«).
Fügewort	Umgangssprachliche Wiedergabe eines Junktoren (s. Kleines Glossar) wie »und«, »wenn …, dann« usw.
Nennsatz	Nebensatz mit nominaler Funktion, vertritt ein grammatisches Subjekt oder Objekt im Satz.
Nennsatz, abstracter	Nebensatz mit nominaler Funktion, der sich auf einen Sachverhalt bezieht (»Dass der Morgenstern aufgegangen war«).
Nennsatz, concreter	Nebensatz mit nominaler Funktion, der sich auf einen konkreten Gegenstand bezieht (»Der die Relativitätstheorie entwickelte«).

1 Vgl. Götzinger (1839/1977), S. 259–262. Zu Götzinger als möglicher Quelle für Freges grammatische Terminologie vgl. Künne (2010b), S. 292, Anm. 219.

Nachwort

1 Das philosophische Umfeld

Philosophische Texte wenden sich Voraussetzungen zu, die bislang unreflektiert am Werk waren, um sie zu prüfen und gegebenenfalls zu ändern, wenn nicht sogar zu verwerfen. Auch Voraussetzungen darüber, was andere philosophische Texte besagen, geraten dabei in den reflexiven Blick. Ein philosophischer Text baut sein eigenes Umfeld gleichsam wie ein Kraftfeld um sich herum auf, von dem er geprägt wird und das er zugleich mitprägt.[1] So lassen sich auch die in *Über Sinn und Bedeutung* mitverhandelten Debatten anhand der darin genannten Bezüge erschließen.

1.1 Logik und Mathematik bei Leibniz

Für Gottfried Wilhelm Leibniz[2] stellt Erkenntnis eine Perspektive auf die Welt dar, in der diese Welt jeweils ganz, aber mehr oder weniger klar und deutlich enthalten ist. So stellt sich die Welt als Gefüge aus vielen verschiedenen Perspektiven dar, die einzelne erkennende Instanzen, die Monaden, einnehmen. Da der gesamte erfahrbare Gehalt in der Erkenntnis der Monaden enthalten ist, sind deren Be-

1 Vgl. Zorn (2016), v. a. Kap. 1 und 7.

2 Zur folgenden Rekonstruktion einschlägiger Gedanken in *Monadologie* im Kontext programmatischer Schriften von Leibniz vgl. auch Busche (2016) und Künne (2010b), S. 30, 166–179, 798 f. (mit weiterer Literatur).

ziehungen rein formaler Art. Sie lassen sich daher formalwissenschaftlich durch Logik und Mathematik erfassen. Das bedeutet für Leibniz, Gedanken zum Ausdruck zu bringen.

Logik begegnet Leibniz als Syllogistik, eine teilweise formalisierte Prädikatenlogik.[3] Ein syllogistischer Schluss ist z. B. der folgende Satz:

> Prämisse 1 (oder Obersatz): Alle Menschen sind sterblich.
> Prämisse 2: Alle Griechen sind Menschen.
> Konklusion: Also sind alle Griechen sterblich.

Ihn könnte man formalisiert so darstellen:

$$\begin{array}{l} P_1\ \forall x\,(Fx \rightarrow Gx) \\ \underline{P_2\ \forall x\,(Gx \rightarrow Hx)} \\ C\ \forall x\,(Fx \rightarrow Hx) \end{array}$$

Die Syllogistik zeigt, dass die logischen Beziehungen zwischen Urteilen neben ihren logischen Subjekten und Prädikaten von folgenden formalen Elementen abhängen, nämlich

1. der Bejahung bzw. Verneinung der einzelnen Urteile (ihrer Qualität) und
2. den sich in Wörtern wie ›ein‹, ›alle‹, ›einige‹ und ›kein‹ äußernden Angaben darüber, ob die Aussage über einzelne logische Subjekte auf eine beschränkte oder eine

3 Vgl. Tugendhat/Wolf (2001), Kap. 5.

unbeschränkte Anzahl von ihnen zutrifft (also eine Aussage über die Quantität der Urteile).

Diese formalen Elemente symbolisieren die Aussage aber nicht weiter. Zwar abstrahiert die Syllogistik von den Inhalten der Begriffe für das logische Subjekt und Prädikat, bleibt dabei aber an eine bestimmte grammatische Form gebunden. Diese Form ist die des Aussagesatzes, in dem einem einzigen grammatischen Subjekt ein einziges grammatisches Prädikat zu- oder abgesprochen wird. Die Elemente dieser Logik – Begriff, Urteil und Schluss – hält Leibniz mit der Hauptströmung der neuzeitlichen Philosophie für Bewusstseinsinhalte bzw. Vorstellungen.[4]

An der Logik arbeitet Leibniz, indem er sie nach der Art eines Systems mathematischer Grundsätze, eines arithmetischen Kalküls, organisieren möchte. Die einzelnen Symbole eines derartigen Kalküls würden jeweils für Gedanken stehen und, da all diese Symbole auch alle Gedanken umfassen sollten, würden sie eine allgemeine Gedankensprache (*characteristica universalis*) bilden. An dieses Projekt knüpft Freges *Begriffsschrift* ausdrücklich an (*Begriffsschrift*, V–VI).

1.2 *Kant und die Einteilung der Erkenntnisformen*

Der schon von Leibniz nahegelegte Gedanke, eine Welt aus ineinander verschränkten Perspektiven bar jeder Perspektive als Ganzes zu überblicken, wird in der Folgezeit zum

4 Vgl. Tugendhat (1976), S. 79 f.

dogmatischen Ansatz.[5] Immanuel Kant wendet sich dagegen, indem er Wissensansprüche kritisch prüft.

Seine kritische Frage lautet, ob bzw. wie sich Wissensansprüche jeweils einer von mehreren Erkenntnisformen zuordnen lassen, die ihrerseits auf grundlegenden, daher alle Erkenntnisgegenstände umfassenden, prägenden und in diesem Sinne transzendentalen Erkenntnisvermögen beruhen, die sie rechtfertigen könnten. Die Erkenntnisformen bestimmt Kant anhand entsprechender Paare von Urteilsformen: analytisch – synthetisch und a priori – a posteriori.[6] Auch Kant versteht Urteile dabei prädikativ. Bei analytischen Urteilen lässt sich deren Wahrheit schon durch ihre Untersuchung (Analyse) zeigen, da diese erweist, dass das logische Prädikat bereits im logischen Subjekt enthalten ist. So ist für Kant das Urteil, dass alle Körper ausgedehnt sind, analytisch, da der Begriff der Ausdehnung schon zum Begriff des Körpers gehört. Bei synthetischen Urteilen wird das Prädikat dem Subjekt hinzugefügt, wie etwa in dem Urteil, dass einige Körper schwer sind, und es erfolgt ein Erkenntnisgewinn.

Nun können Urteile vor jeglicher Erfahrung, also a priori, oder im Anschluss an Erfahrung, also a posteriori, gefällt werden. Analytische Urteile a posteriori sind laut Kant nicht möglich, da eine Analyse, die aus einem logischen Subjekt ein bereits in ihm enthaltenes logisches Prädikat herausholt, nicht auf Erfahrung beruhen kann. Daher bleiben drei Kombinationsmöglichkeiten und damit drei Erkenntnisweisen übrig:

5 Vgl. Kenny (2016), S. 108–110.
6 Vgl. Kant, *Kritik der reinen Vernunft*, Einleitung zur 2. Aufl. [B].

1. analytisch a priori (die nicht von Erfahrung abhängige Entfaltung begrifflicher Zusammenhänge),
2. synthetisch a posteriori (Erkenntnisgewinn aus der Erfahrung) sowie
3. synthetisch a priori (Erkenntnisgewinn, der nicht aus der Erfahrung stammt).

Wie sieht Kant vor diesem Hintergrund Logik und Mathematik? Logik entfaltet Begriffsverbindungen in Urteilen und beruht daher auf dem Verstand als dem »Vermögen der Begriffe«. Als reine Logik kann sie keine besonderen Begriffsinhalte voraussetzen[7] und ist daher formal[8]. Auf diese Weise entwickelt Kant zumindest die Konzeption einer Logik, die sich ausschließlich mit logischen Formen beschäftigt. Allerdings ist Kant der Überzeugung, dass die nicht formalisierten Begriffe der Syllogistik wie Qualität und Quantität nicht rein formaler Art sind, sondern zu einer Klasse von Verstandesbegriffen, den Kategorien, gehören, die mittels ihrer Inhalte zur Organisation von erfahrbaren Inhalten dienen und daher im genannten Sinne transzendental sind. Die Lehre vom Zusammenhang dieser Begriffe nennt Kant »transzendentale Logik«[9]. Formale Logik ist demnach zwar eine allgemeine Disziplin begrifflicher Beziehungen, doch sie ist inhaltlich leer. Demgegenüber ist transzendentale Logik zwar inhaltlich gefüllt, bleibt jedoch auf einen bestimmten Bereich von Begriffen beschränkt. In beiderlei Gestalt stellt Logik analytische Erkenntnis a priori

7 Ebd., B77 / A52.
8 Ebd., BVIII–IX.
9 Ebd., B80 / A55.

dar. Erkenntnis wird durch sie unabhängig von der Erfahrung zwar entfaltet, aber nicht wesentlich erweitert.

Mathematik bietet für Kant im Vergleich dazu synthetische Erkenntnis a priori, da in ihr Zusammenhänge erkannt werden, die nicht schon in den jeweiligen Grundlagen enthalten sind. Dies ist laut Kant deshalb möglich, weil Mathematik, wie er in der »Transzendentalen Ästhetik« in der *Kritik der reinen Vernunft* geltend macht, in ihren beiden Zweigen Geometrie und Arithmetik jeweils auf Erkenntnisvermögen beruht, die in der Empfindung gegebene Einzelheiten zu einem anschaulichen Ganzen zusammenfassen und in diesem Sinne grundlegende Anschauungsformen der Sinnlichkeit sind: Der Raum als Anschauungsform äußerer Gegenstände bringt laut Kant die Prinzipien der Geometrie mit sich. Die Zeit als Anschauungsform innerer Zustände macht aufeinanderfolgende Einheiten erfahrbar und legt damit den Grund der Arithmetik, in der es um den formalen Zusammenhang derartiger Einheiten geht.

Damit treibt Kant einen doppelten Keil zwischen Logik und Mathematik, aus denen Leibniz sein Projekt einer allgemeinen Gedankensprache zusammensetzen wollte: Laut Kant gehören sie zwei verschiedenen Erkenntnisvermögen an (die Logik dem Verstand, die Mathematik der Sinnlichkeit) und bieten zwei verschiedene Erkenntnisformen dar (die formale Logik analytische Erkenntnisse a priori, die Mathematik synthetische Erkenntnisse a priori). Deshalb hält Kant jenes Projekt für gescheitert, denn Logik ist ihm zufolge »keine Algebra, mit deren Hilfe sich verborgene Wahrheiten entdecken ließen«[10].

10 Kant, *Logik*, A17.

Freges Bemühungen zielen darauf ab, den Erkenntniszusammenhang zwischen Logik und Arithmetik wieder in Geltung zu setzen und so das Projekt einer Gedankensprache erneut aufzunehmen.

1.3 *Freges Weg zu Über Sinn und Bedeutung*

Frege bewegen in seinen Veröffentlichungen vor *Über Sinn und Bedeutung* besonders Fragen, die auf die dortige Thematik hindeuten:

1. Was sind die Gegenstände der Arithmetik?
2. Wie lässt sich am besten auf jene Gegenstände Bezug nehmen?

Die erste Frage richtet sich auf die Bezugsgegenstände arithmetischer Ausdrücke, also auf das, was Frege in *Über Sinn und Bedeutung* »Bedeutung« nennt. Die zweite Frage gilt der diesen Gegenständen angemessenen »Art des Gegebenseins« (S. 7 / 26), die in *Über Sinn und Bedeutung* »Sinn« heißt. Charakteristisch für Freges Denken ist, dass er die erste Frage im Licht der zweiten beantwortet.

Diese Fragen und damit insgesamt die Frage nach den Grundlagen der Arithmetik stellen sich für Frege deshalb, weil er deren Fundierung durch Kant für verfehlt hält. Dass Kant Arithmetik mit Rückgriff auf die Zeit als Form der inneren Anschauung begründet, ist mit Freges Verständnis jener Disziplin unvereinbar: Demnach geht es in der Arithmetik um Unanschauliches (*Die Grundlagen der Arithmetik*, S. 99–102, §§ 88 f.), also gerade um nicht wahrnehmbare Gegenstände, auf denen mit Gewissheit deren wechselseitige Beziehungen gründen. Ein Grund für diese Gewissheit kann für Frege nur im formalen Zusammenhang der Arithmetik mit Urteilen liegen, die nicht minder gewiss und ebenso formal sind (*Begriffsschrift*, S. III–IV). Dies führt Frege zu der als ›Logizismus‹ bekannt gewordenen These, dass sich die Arithmetik aus der Logik ableiten lässt. Frege will also nicht wie Leibniz die Logik mit Hilfe der Mathematik erneuern, sondern er will die Mathematik auf der Logik gründen.[11]

Kant zufolge müsste dies daran scheitern, dass die formale Logik inhaltsleer und die transzendentale Logik an einen bestimmten Bereich gebunden ist. Für Frege gibt es dagegen nur eine Logik, die sowohl das Gewinnen neuer Erkenntnisse ermöglicht als auch allen Urteilsformen in allen Bereichen zugrunde liegt. Dies lässt sich aber erst erkennen, wenn sie auf eine angemessene Weise dargestellt wird.

Die bisherige Sprache der Logik war eng an Vorgaben der Grammatik gebunden. Diese Bindung löst Frege,[12] indem er für die Logik dasselbe leistet, was die algebraische Verwendung von Symbolen für die Mathematik geleistet hat. In *Begriffsschrift* formalisiert er auch Quantitäten und Qualitäten. Sie notiert Frege als Operatoren, die sich nicht auf einzelne Teile, sondern auf Urteile im Ganzen beziehen, modern gesprochen: Er notiert sie als Satzoperatoren. Logische Prädikate fasst er als Wiedergabe von Funktionen auf, die entweder als Begriffe eine offene Stelle (»… ist ein Pferd«) oder aber als Relationen mehrere offene Stellen

11 Vgl. Stenlund (2018).
12 Zum Hintergrund vgl. Westerkamp (2014), S. 39–54.

(»... reitet auf ...«) aufweisen. Sätze versteht er wiederum als Ergebnis entsprechender Einsetzungen.

Dies hat einerseits die Konsequenz, dass für Frege Begriffe nur prädikativ verwendet werden, nicht aber an die Stelle des logischen Subjekts treten können (*Über Begriff und Gegenstand*, S. 193, 195–197). Dadurch drohen Urteile, in denen etwas über Begriffe ausgesagt wird, und zwar selbst diejenigen, in denen gesagt wird, dass dies nicht möglich ist, rätselhaften Charakter anzunehmen.[13] Diese Konsequenz nimmt Frege jedoch in Kauf, denn dadurch wird der grammatische Bann gebrochen, der jedes Urteil nach dem Muster eines einstelligen Begriffs verstanden haben wollte. Dementsprechend erweitert Frege die Konzeptionen des Analytischen und Synthetischen gegenüber Kant, da sie sich nun nicht mehr nur als Verhältnisbestimmungen jeweils nur eines logischen Subjekts und Prädikats denken lassen. Vielmehr bezieht Frege diese Unterscheidung verallgemeinernd darauf, wie sich Urteile ableiten lassen. Analytische Urteile sind für ihn nun solche, die sich ausschließlich aus logischen Prinzipien ableiten lassen. Die Ableitung synthetischer Urteile beruht demgegenüber auch auf Grundlagen, die »nicht allgemein logischer Natur sind, sondern sich auf ein besonderes Wissensgebiet beziehen« (*Grundgesetze der Arithmetik*, S. 4, § 3).

Nicht nur einzelne Begriffe, sondern auch logische Verbindungen zwischen einzelnen Urteilen begreift er als Funktionen, in die diese Urteile als Argumente eingehen. Heute heißen diese logischen Verbindungen ›Junktoren‹. Junktoren sind wahrheitsfunktional, d. h. sie sind dadurch

13 Vgl. Künne (2010b), S. 204–214.

bestimmt, wie sich die Wahrheit der Verbindung der einzelnen Urteile in Abhängigkeit von der Wahrheit oder Falschheit der durch sie verbundenen einzelnen Urteile gestaltet.

Beispielsweise ist ein mit Hilfe des ›Und‹-Junktoren gebildetes komplexes Urteil aus zwei Teilurteilen wie etwa »Bucephalus ist ein Pferd und alle Menschen sind sterblich« genau dann wahr, wenn auch die beiden Teilurteile wahr sind, und ansonsten falsch.

Frege zeigt nun, dass sich jeweils ein Junktor durch andere ersetzen lässt, es also möglich ist, mit einer geringen Anzahl von Operatoren auszukommen. Auf dieser einfachen Grundlage rekonstruiert er in *Begriffsschrift* alle Weisen (die sogenannten Schlussformen), wie Prämissen so miteinander verknüpft werden können, dass die jeweils angegebene Konklusion wahr sein muss, wenn die Prämissen wahr sind. So ist es beispielsweise aus der (bei ihm andersgearteten) Notation des unter 1.1 aufgeführten Syllogismus (»Alle Menschen sind sterblich ...«) heraus möglich zu zeigen, welche logische Form seine Bestandteile haben und dass diese logische Form den genannten Zusammenhang, die Gültigkeit des Schlusses, gewährleistet.

Auf diese Weise legt Frege den Grund der modernen formalen Aussagen- und Prädikatenlogik.[14] Weil diese Logik die Begriffe der Qualität und Quantität wieder in sich aufgenommen hat, hält Frege sie für eine Quelle, aus der sichere Erkenntnisse stammen können. Formale Logik ist für Frege daher zugleich transzendental. Zwar gebraucht er diese Bezeichnung nicht, zeigt dieses Verständnis aber indirekt, wenn er sagt, dass Logik als

14 Vgl. die Rekonstruktion bei Soames (2014), S. 3–59.

> reine[s] Denken allein aus dem Inhalte, welcher seiner eigenen Beschaffenheit entspringt, Urtheile hervorzubringen vermag, die auf den ersten Blick nur auf Grund irgendeiner Anschauung möglich zu sein scheinen (*Begriffsschrift*, S. 54, § 23).

Aus diesem Grunde sieht er sich auch dazu berechtigt, Quantitäten ohne Einschränkung des Gegenstandsbereichs zu gebrauchen, also Urteile der Form »Für alle Gegenstände gilt, dass ...« zu fällen.[15]

Auf dieser Basis bietet Frege in *Begriffsschrift* und *Die Grundlagen der Arithmetik* zahlreiche Beispiele dafür, wie sich arithmetische Strukturen dank logischer Symbole übersichtlich darstellen und auseinander herleiten lassen. Doch ausgerechnet das Gleichheitszeichen scheint sich angesichts der im Folgenden in der Analyse der Argumentationsstruktur geschilderten Problematik dieser Darstellung zu entziehen. Daher meint Frege zunächst, dieses Zeichen könne nicht zu den üblichen Symbolen gehören, und deutet es metasprachlich. Dies liegt an einem allgemeinen Defizit: Bei der Bestimmung dessen, was von logischen und arithmetischen Symbolen ausgedrückt wird, spricht Frege undifferenziert von einem »beurtheilbaren Inhalt« (*Begriffsschrift*, S. 2, § 2) und meint damit sowohl Sinn als auch »Bedeutung« als Bezug zu einem Gegenstand. Zwar geht es Frege um diesen Inhalt in seinen formalen Beziehungen. Er hat jenen Inhalt bislang allerdings gleichsam undifferenziert betrachtet. Auf dem Weg zu *Über Sinn und Bedeutung* unterscheidet Frege zwei Komponenten, die für

15 Vgl. Dummett ([2]1981), S. 36 f.

die logische Einordnung von Urteilen und für sein logizistisches Projekt wichtig sind, nämlich Sinn und Bezugsgegenstand. Seine Ergebnisse legt er in drei Beiträgen dar: *Funktion und Begriff* beschäftigt sich mit jenen Komponenten im Hinblick auf Prädikate. *Über Begriff und Gegenstand* verdeutlicht den Unterschied zwischen voll bestimmten und unbestimmten Komponenten. *Über Sinn und Bedeutung* umreißt seinen neu gewonnenen Standpunkt an dem besonders anschaulichen Beispiel von Zeichen, die sich auf einzelne Gegenstände beziehen. Er bereitet damit eine Antwort auf die Frage vor, was Zahlen sind, die er als einzelne Gegenstände der Arithmetik begreift. Diese Antwort will er in dem mehrbändigen Werk *Grundgesetze der Arithmetik* geben, das nach jenen drei Beiträgen zu erscheinen beginnt.

2 Zur Argumentationsstruktur

In *Über Sinn und Bedeutung* tritt Frege so auf, wie es über seine akademische Lehre gesagt wurde: Ohne großes didaktisches Beiwerk, »ganz bei der Sache«[16], zieht er unmittelbar in seinen Gedankengang hinein, dessen Argumentationsstruktur es hier zu rekonstruieren gilt.

2.1 *Problemstellung (S. 5f. / 25f.)*

Den Ausgangspunkt bildet ein Problem, das sich überraschenderweise aus Voraussetzungen ergibt, die mit der Re-

16 Kreiser (2001), S. 277.

de von Gleichheit bzw. Identität verbunden sind, wenn diese, wie Frege es hier tut, als eine Beziehung (Relation) verstanden wird:

V(oraussetzung)$_1$ Identität ist eine zweistellige Relation, d. h. eine Beziehung, die zwischen zwei Komponenten (Relata) herrscht.

V_2 Die Relata dieser Relation können einerseits objektsprachlich verstanden werden, d. h. als Gegenstände; sie können andererseits aber auch metasprachlich verstanden werden, d. h. als Zeichen, die sich auf Gegenstände beziehen.

V_3 Einige Identitätsurteile sind informativ, d. h. sie erweitern unsere Erkenntnis.

Zu V_1: Frege zweifelt trotz seiner Eingangsfrage nicht daran, dass Identität eine Relation ist. Er geht vielmehr unmittelbar zu der anschließenden Frage über, zwischen welchen Relata diese Relation besteht.

Er versteht eine Relation dabei als Funktion, in die mehrere Argumente einzusetzen sind. In *Über Sinn und Bedeutung* beschäftigt sich Frege mit der Einsetzung von singulären Termini, also von sprachlichen Wendungen, die (als Termini) wohlbestimmt sind und die sich (weil sie singulär sind) höchstens auf genau einen Gegenstand beziehen. Er setzt dabei voraus, dass Identität als Relation *zwei*stellig ist, dass also in Identitätsurteilen jeweils zwei singuläre Termini miteinander in Beziehung gesetzt werden. Zum Ausdruck der Identitätsrelation bevorzugt Frege das aus der Arithmetik vertraute Gleichheitszeichen ($a = b$). Dies lässt sich verallgemeinernd so notieren: $I(a, b)$.

Zu V_2 (Zeichen und Gegenstände als Relata der Identitätsrelation): Identität als zweistellige Relation lässt sich anhand des sprachlichen Ausdrucks von Identitätsurteilen untersuchen. Identitätsurteile werden durch Zeichenverbindungen ausgesagt, die entsprechende Sätze bilden. Jene Zeichen beziehen sich wiederum auf Gegenstände. Falls jene Zeichen nur durch ihren Gegenstandsbezug charakterisiert sind, legt dies den Bereichen, aus denen die Relata der Identitätsrelation stammen können, eine Beschränkung auf: Entweder handelt es sich um Gegenstände oder aber um Zeichen, die sich auf Gegenstände beziehen. Zeichen und Gegenstände charakterisiert Frege in seinem Aufsatz *Über Begriff und Gegenstand* auf je unterschiedliche Weise: Zeichen stehen für etwas anderes, haben also eine referenzielle Funktion. Gegenstände ermöglichen beliebig viele auf sie bezogene, jeweils entweder wahre oder falsche Urteile. Dies deutet Frege so, dass für jeden Gegenstand feststeht, welche Bestimmung ihm zukommt und welche ihm nicht zukommt, und dass diese Bestimmungen jeweils durch einzelne Urteile über einen Gegenstand, seien sie bejahend oder verneinend, zum Ausdruck gebracht werden. So kann über die Venus als einem konkreten Himmelskörper beispielsweise geurteilt werden: »Die Venus gehört zum gleichen Sonnensystem wie die Erde.«; »Die Venus ist kein Schnabeltier.«; »Die Venus ist der Morgenstern.« usw.

Zeichen sind demnach funktional, Gegenstände dagegen von ihrer Seinsweise her, also ontologisch bestimmt. Daher können auf einen Gegenstand beliebig viele Zeichen Bezug nehmen, während es Zeichen geben kann, die sich auf genau einen Gegenstand beziehen – eben singuläre Termini. Den Bezugsgegenstand eines Zeichens nennt Frege dessen »Bedeutung«. Bei den Gegenständen, auf denen ein Zeichen Bezug nimmt, kann es sich wiederum um andere Zeichen handeln: In diesem Fall sind die bezugnehmenden Zeichen metasprachlich. Zeichen, die sich nicht auf andere Zeichen beziehen, sind demgegenüber objektsprachlich.[17]

Zu V_3: Als Relata stehen im sprachlichen Ausdruck von Identitätsurteilen demnach objektsprachliche und metasprachliche Zeichen zur Verfügung. Ferner können jeweils Zeichen vom gleichen Typ *I (a, a)* oder von verschiedenem Typ *I (a, b)* eingesetzt werden.

Daraus ergeben sich Kombinationsmöglichkeiten, von denen einige offenkundig ungünstig oder uninteressant sind. Frege befasst sich daher nur mit drei Urteilen:

1. Identitätsurteile, in denen objektsprachlich Identität mit singulären Termini gleichen Typs behauptet wird (K_1), z. B.: »Die Venus ist identisch mit der Venus«.
2. Identitätsurteile, in denen objektsprachlich Identität mit singulären Termini verschiedenen Typs behauptet wird (K_2), z. B.: »Der Morgenstern ist identisch mit dem Abendstern« sowie
3. Identitätsurteile, in denen (zumindest scheinbar) metasprachlich die Identität singulärer Termini verschiedenen Typs behauptet wird (K_3), z. B. »›Der Morgenstern‹ ist identisch mit ›Der Abendstern‹«.

17 Vgl. Lorenz (2004a); Lorenz (2004c). Die hier verwendete Terminologie hat sich erst nach Frege entwickelt.

Als Kriterium zur Klassifizierung dieser Kandidaten führt Frege an, dass Identitätsurteile vom Typ K_2 einen höheren »Erkenntniswert« besitzen als Identitätsurteile vom Typ K_1. Den Erkenntniswert eines Urteils macht für Frege dabei zum einen die Neuigkeit des jeweiligen Urteils aus, die davon abhängt, zu welchem Zeitpunkt der Wissensentwicklung es gefällt wird. Zum anderen mehrt es den Erkenntniswert, wenn sich ein Urteil nicht aus allgemeinen Voraussetzungen ableiten lässt.[18] Diese beiden Komponenten sorgen für »wertvolle Erweiterungen unserer Erkenntnis« (S. 5 / 25).

Damit unterscheidet Frege also Identitätsurteile, die einen hohen Erkenntniswert besitzen und in diesem Sinne informativ sind, von anderen Identitätsurteilen, die bestenfalls einen geringen Erkenntniswert besitzen, also trivial sind. Jener Unterschied beruht auch auf der jeweiligen Form, die bei informativen Identitätsurteilen *I (a, b)* und bei trivialen Identitätsurteilen *I (a, a)* lautet. Dies untersucht Frege zunächst an objektsprachlichen Identitätsurteilen. Damit scheint auch V_3 gut begründet zu sein: Es gibt einige informative Identitätsurteile.

Derartige Identitätsurteile bringen jedoch ein Problem mit sich: Weil sich die singulären Termini *a* und *b* in einem wahren Identitätsurteil auf den gleichen Gegenstand beziehen, nach heutiger Ausdrucksweise also koreferenziell sind, können sie unter der Voraussetzung, dass solche Termini nur durch ihre referenzielle Funktion bestimmt sind, so ausgetauscht werden, dass sich triviale Identitätsurteile

18 Vgl. Künne (2010b), S. 205–209.

vom Typ K_1 ergeben. Identitätsurteile vom Typ K_2 drohen damit insgesamt trivial zu werden.

Besteht ein Ausweg aus diesem Dilemma darin, auf Identitätsurteile vom Typ K_3 auszuweichen? Dabei wird allem Anschein nach die Identität verschiedener koreferenzieller Termini wie »der Morgenstern« und »der Abendstern« behauptet. Dies ist zwar per se falsch, da jene Termini ja voneinander verschieden sind. Frege lässt aber eine wohlwollende Lesart zu (S. 6 / 26): Demgemäß wird hier nicht behauptet, dass die jeweiligen *Termini* miteinander identisch sind, sondern nur, dass sie sich jeweils auf den *gleichen Gegenstand* beziehen. Dabei werden die Zeichen selbst als Gegenstände verstanden, was sie ja auch sind, und diese Gegenstände in Beziehung zu ihrem jeweils gleichen Bezugsgegenstand gesetzt.

Dies bringt jedoch nicht die Erkenntnis, um die es bei informativen Identitätsurteilen vom Typ K_2 gerade geht. Das äußert sich darin, dass das Verknüpfen jeweils Zeichen als konkrete Individuen betrifft. *I (a, a)* bedeutet unter dieser Voraussetzung, dass beide Male das Zeichen *a* mit einem bestimmten Gegenstand verknüpft ist, und dies ist ebenso wenig informativ wie *I (a, b)*, was bedeutet, dass sowohl das Zeichen *a* als auch das Zeichen *b* mit demselben Gegenstand verknüpft ist (S. 6 / 26). Der Einwand, dass dies aber doch informativ ist, weil es immerhin besagt, dass der betroffene Gegenstand jeweils derselbe ist, muss wiederum ein Identitätsurteil vom Typ K_2 gebrauchen und läuft in einen logischen Zirkel.

2.2 *Ansatz einer Problemlösung: Die Unterscheidung zwischen Sinn und Bezugsgegenstand (S. 6–9 / 26–28)*

Ergibt sich aus mehreren Voraussetzungen ein Problem, ist es ratsam, sich der Voraussetzung mit der geringsten Plausibilität zuzuwenden. Daher befasst sich Frege mit V_2. Denn gerade die Fokussierung auf das Verhältnis von Zeichen und ihren Bezugsgegenständen hatte ja zu jenem Problem geführt. Eine Lösung kann daher darin bestehen, den Gesichtskreis zu erweitern. Dies tut Frege, indem er auch den *Sinn* von Zeichen beachtet, den er eine »Art des Gegebenseins« nennt, die mit einem Zeichen verbunden ist (S. 7 / 26). Es ist sehr plausibel, dass Frege diese Wendung von seinem bedeutenden Mathematiker-Kollegen Georg Cantor übernommen hat, in dessen Ausführungen zur Mengenlehre sie sich wörtlich findet.[19] Nach einer geläufigen Version[20] ist dies gleichzusetzen mit einer Kennzeichnung, also einer Verknüpfung von Zeichen, die mit den in ihr enthaltenen Zeichen verdeutlicht, *wie* sie sich gegebenenfalls auf einen Gegenstand bezieht. Dies würde dann die »Art des Gegebenseins« jenes Bezugsgegenstandes zum Ausdruck bringen. Die Einschränkung ›gegebenenfalls‹ ist dabei unbedingt erforderlich, weil es nicht zu jedem sinnvollen Ausdruck einen Bezugsgegenstand geben muss. Es kann nämlich vielmehr auch leere Ausdrücke geben, die sich auf keinen Gegenstand beziehen, weil es nichts gibt, was der dann leeren Kennzeichnung entspricht.

19 Vgl. Sundholm (2001), S. 66, der sich auf Cantor (1932), S. 50 (Erstveröffentlichung: 1882) beruft.

20 Vgl. exemplarisch Kripke (2014), Vorlesung I.

Das Zeichen hat in diesem Fall einen Sinn, aber keinen Bezugsgegenstand.

Freges Beispiele scheinen für die geläufige Version zu sprechen: Der Bezugsgegenstand des Wortes ›Morgenstern‹ und des Wortes ›Abendstern‹ (S. 7 / 27) ist jeweils der Planet Venus. »Morgenstern« legt nahe, dass es dabei um einen Himmelskörper geht, der am Morgenhimmel zu sehen ist, während ›Abendstern‹ auf ein Gestirn verweist, das sich am Abendhimmel blicken lässt. ›Morgenstern‹ und ›Abendstern‹ haben daher den gleichen Bezugsgegenstand, jedoch unterschiedlichen Sinn. Ein weiteres Beispiel Freges nennt den Fall eines Punktes, in dem sich die Linien *a*, *b* und *c* schneiden (S. 6 / 26). Dieser Punkt lässt sich, wie die folgende Grafik[21] veranschaulicht, auf dreifache Weise kennzeichnen: als Schnittpunkt von *a* und *b*, von *a* und *c* und von *b* und *c*.

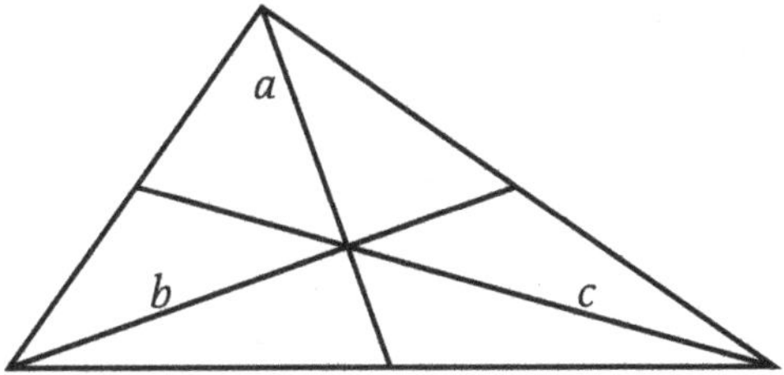

Ein und derselbe Punkt *P* ist demnach auf verschiedene Weisen »gegeben«.

Diese geläufige Version trifft zumindest nicht uneingeschränkt zu:

21 Vgl. Beaney (1997), S. 152.

Zum einen behauptet Frege in *Über Sinn und Bedeutung* nicht, dass es nur eine einzige »Art des Gegebenseins«, nämlich das Gegebensein durch Zeichen, gibt. An anderer Stelle meint er sogar, dass »jeder sich selbst in einer besonderen und ursprünglichen Weise gegeben [ist], wie er keinem Anderen gegeben ist« (*Der Gedanke,* S. 66).[22] Die geläufige Version trifft also nicht auf alle Fälle zu, in denen Frege von Sinn spricht.

Zum anderen gilt die geläufige Version für alle Zeichen, also auch für diejenigen, die Frege »eigentliche Eigennamen« nennt (S. 7, Anm. 1 / 27, Anm. 2). Dies sind für ihn Zeichen, mit denen wir ›Gegenstände im weitesten Sinne‹, also auch (bzw. gerade) Personen benennen. Der geläufigen Version zufolge lassen sich dann auch eigentliche Eigennamen durch Kennzeichnungen ersetzen, wenn sie Eigenschaften herausgreifen, mit denen sich die Bezugsgegenstände identifizieren lassen. Frege erwägt diese Option zwar: Als »Sinn« des Namens ›Aristoteles‹ »könnte« [!] angenommen werden: »der Schüler Platos und Lehrer Alexanders des Großen«, was einem Satz wie »Aristoteles war aus Stagira gebürtig« einen jeweils anderen Sinn verleihen müsste. Wie aus jener Anmerkung hervorgeht, ist es für Frege bei einem eigentlichen Eigennamen jedoch wesentlich, dass »die Bedeutung dieselbe bleibt«, er also stets den gleichen Bezugsgegenstand hat. Die »Schwankungen des Sinnes« sind für ihn ein sprachliches Phänomen, das es bestenfalls zu »ertragen« gilt, das aber in der Sprache einer strengen Wissenschaft nichts zu suchen hätte. Von einer solchen Sprache sind außerdem leere Zeichen fernzuhal-

22 Vgl. dazu Kripke (2017b).

ten, im Falle der eigentlichen Eigennamen unter den obigen Voraussetzungen also diejenigen, für die leere Kennzeichnungen stehen. Damit haben wir es laut Frege bei eigentlichen Eigennamen fiktiver Personen zu tun.

Dass eigentliche Eigennamen für Frege auch einen Sinn haben, ist zwar unumstritten. Dass der Sinn von eigentlichen Eigennamen in Kennzeichnungen besteht, ist für Frege jedoch eine Möglichkeit, die er nur erwägt und die er umstandslos aufgeben würde, wenn sie zu starken ›Sinnschwankungen‹ führte.

Frege ist daher letztendlich nicht auf die geläufige Version festgelegt. Von ihr können allerdings folgende Elemente übernommen werden, was die »Art des Gegebenseins« von Bezugsgegenständen singulärer Termini betrifft, um die es in *Über Sinn und Bedeutung* ja geht: Sie legt den Bezugsgegenstand fest, wenn es ihn denn gibt. Einen Sinn zu haben, hat für Wörter nach Frege einen konstitutiven Stellenwert, d. h. der Sinn macht einen sprachlichen Ausdruck als solchen aus. Da Sprachen für Frege ein »Ganze[s] von Bezeichnungen« (S. 7 / 27) darstellen, ist die Kenntnis des jeweiligen Zeichensinns demnach ausschlaggebend für das Beherrschen der jeweiligen Sprache. Die Kenntnis dieses Sinns besteht im Fall der singulären Termini in dem Wissen darum, auf welchen einzelnen Gegenstand sich das jeweilige Zeichen beziehen kann. Diese Beziehung besteht für Frege in einer »regelmäßige[n] Verknüpfung zwischen dem Zeichen, dessen Sinne und dessen Bedeutung« (S. 8 / 27). Die sich daraus ergebende Regularität in der Beziehung zwischen Zeichen, Art des Gegebenseins und Bezugsgegenstand ist in den Umgangssprachen (bzw. »Volkssprachen«) nur begrenzt anzutreffen, da in ihnen einem Ausdruck verschiedene Sinnrichtungen und einem Sinn verschiedene Ausdrücke zukommen können (S. 8 / 27). In »einem vollkommenen Ganzen von Zeichen«, also »in einer vollkommenen Sprache« (S. 8 / 27), so wie Frege sie in *Begriffsschrift* für die Logik schaffen wollte, wäre die Beziehung zwischen Zeichen und Sinn und damit auch zwischen Zeichen und Bezugsgegenstand eineindeutig, d.h. jedes Zeichen bezeichnete genau einen Gegenstand und jeder Gegenstand würde von genau einem Zeichen bezeichnet.

Frege versucht verschiedentlich zu erläutern, was er unter Sinn und dem damit verbundenen »Geben« bzw. »Gegebensein« versteht. Die Schwierigkeit dieser Aufgabe besteht darin, dass sich sprachliche Ausdrücke üblicherweise nicht auf ihren Sinn beziehen, sondern auf das, was durch jenen Sinn jeweils auf eine bestimmte Weise »gegeben wird«, also auf ihren Bezugsgegenstand oder in Freges Terminologie ihre »Bedeutung« (S. 8 / 28). Zur näheren Bestimmung grenzt Frege Sinn von einem scheinbar verwandten Phänomen ab, nämlich der Vorstellung.

2.3 *Die Unterscheidung zwischen Sinn und Vorstellung (S. 9–14 / 29–32)*

Diese Unterscheidung zwischen Sinn und Vorstellung dient auch der Auseinandersetzung mit einer Gegenposition, die mittlerweile als Psychologismus bezeichnet wird.[23] Ihm zufolge beruht Erkenntnis darauf, im Bewusstsein gegebene Inhalte zu erfassen, die in der neuzeitlichen Tradition »Ideen« heißen und die Frege hier als bildhafte Vorstellungen

23 Vgl. Künne (2010b), S. 342–369.

bezeichnet. Diese Inhalte sind subjektiv. Dies bedeutet für Frege: Sie sind jeweils in einem individuellen Bewusstsein enthalten, und zwar als konkrete Beschaffenheiten dieses Bewusstseins, die sich von ihm nicht abtrennen, geschweige denn auf ein anderes Bewusstsein übertragen lassen (S. 9 f. / 29). Diese Beschaffenheiten können qualitative Züge aufweisen, »mit Gefühlen getränkt« sein (S. 10 / 29). Frege, der diese Charakteristik nicht bestreitet, spricht hier auch von »Färbungen und Beleuchtungen« (S. 12 / 31).

Der Psychologismus kann in zwei Extremen gipfeln, denen Frege die von ihm mit besonderer Bedeutung verbundenen Titel »Skepsis« und »Idealismus« gibt:

1. Die Skepsis zweifelt daran, dass es Gegenstände gibt, die sich außerhalb des Bewusstseins befinden und in diesem Sinne transzendent sind.[24]
2. Der Idealismus hat diese Zweifelsfrage negativ beantwortet und behauptet, dass es nichts als Vorstellungen gibt.[25]

Frege bietet dagegen zwei Einwände, allerdings ohne sie klar zu differenzieren, nämlich einen schwachen und einen starken. Der schwache Einwand lautet:

SchwE₁ Wenn der Psychologismus zutrifft, ist jede Grundlage von Wissen eine Vorstellung.

SchwE₂ Bei einigen Grundlagen von Wissen handelt es sich jeweils um den Sinn sprachlicher Ausdrücke.

24 Vgl. ebd., S. 322.
25 Vgl. ebd., S. 369.

Daraus folgt: SchwE$_3$ Der Sinn einiger sprachlicher Ausdrücke ist eine Vorstellung.

SchwE$_4$ Alles, was objektiv ist, ist wesentlich verschieden von allem, was subjektiv ist.

SchwE$_5$ Der Sinn aller sprachlichen Ausdrücke ist objektiv.

SchwE$_6$ Alle Vorstellungen sind subjektiv.

Daraus folgt: SchwE$_7$ Der Sinn sprachlicher Ausdrücke ist jeweils wesentlich verschieden von einer Vorstellung. (Widerspruch zu *SchwE*$_3$)

Daraus folgt: SchwE$_8$ Da an *SchwE*$_2$ festzuhalten ist, gilt: Der Psychologismus trifft nicht zu.

SchwE$_1$ gibt eine Kernthese des Psychologismus wieder. *SchwE*$_2$ wird bestätigt durch den Hinweis auf sprachliche Wissensvermittlung, da diese Kenntnis des Sinns sprachlicher Ausdrücke voraussetzt. Nach *SchwE*$_3$ würde dies bedeuten, dass der Sinn sprachlicher Ausdrücke jeweils eine Vorstellung ist. Dagegen spricht, so Frege, dass es einen wesentlichen Unterschied zwischen Objektivem und Subjektivem gibt (*SchwE*$_4$) und dass der Sinn sprachlicher Ausdrücke objektiv, jegliche Vorstellung dagegen subjektiv ist. Daraus folgt: Der Psychologismus führt in einen Widerspruch und ist daher unhaltbar. Die Schlagkraft dieses Arguments hängt davon ab, ob es einen wesentlichen Unterschied zwischen Objektivem und Subjektivem gibt und ob dieser wesentliche Unterschied zwischen Sinn und Vorstellung herrscht.

Wie die Begründung für *SchwE*$_2$ zeigt, versteht Frege unter ›objektiv‹ hier ›intersubjektiv‹, also das, was verschiedenen Subjekten zugänglich sein kann – und zwar gleichzeitig, wie das Bild auf dem Objektivglas im Gleichnis der

Mondbetrachtung, oder sukzessiv, wie im Fall der Wissensvermittlung zwischen Generationen. Derartiges Intersubjektives muss laut Frege unabhängig vom Bewusstsein der jeweiligen Subjekte, in einem gewissen Sinn also transzendent bestehen.

Unter ›subjektiv‹ versteht Frege demgegenüber etwas, das einem Subjekt als eine konkrete Beschaffenheit seines Bewusstseins innewohnt und das mit qualitativen Eigenschaften versehen sein kann, die sich für das Subjekt jeweils auf eine bestimmte Weise anfühlen. Subjektives lässt sich Frege zufolge bestenfalls indirekt und ohne letzte Gewissheit mitteilen und besitzt keinen Erkenntniswert.[26] Auf drei Voraussetzungen beruht nach Frege die Verschiedenheit von subjektiven Vorstellungen gegenüber jeglichem Sinn eines sprachlichen Ausdrucks: erstens darauf, dass sich konkrete Beschaffenheiten eines Bewusstseins nicht auf ein anderes übertragen lassen; zweitens darauf, dass jene qualitativen Eigenschaften nur vom jeweiligen Bewusstsein gefühlt werden können; und drittens darauf, dass der Sinn eines sprachlichen Ausdrucks stets im obigen Verständnis objektiv ist.

Während die erste Voraussetzung plausibel ist, sind die zweite und die dritte problematisch. Die zweite Voraussetzung lässt sich so anfechten: Um die Vorstellung eines anderen Subjekts zu teilen, ist es nicht notwendig, dasselbe Exemplar eines »innere[n] Bild[es]« (S. 29 / 10) zu haben wie das andere Subjekt. Es genügt, einen Bewusstseinsinhalt vom gleichen Typ zu haben.[27]

26 Vgl. Gabriel (2018), S. 17.
27 Vgl. Dummett ([2]1981), S. 157; Künne (2010b), S. 490–514.

An der dritten Voraussetzung hält selbst Frege nicht uneingeschränkt fest. Der bereits angeführten Stelle (S. 73) in *Der Gedanke* zufolge kann das Pronomen ›ich‹ in der Sinnrichtung einer Selbstgegebenheit gebraucht werden, die nur dem jeweiligen Subjekt zugänglich ist. Dies spricht gegen *SchwE*$_5$, demzufolge der Sinn jedes beliebigen sprachlichen Ausdrucks Objektivität, verstanden als intersubjektive Vermittelbarkeit, besitzt.

Der schwache Einwand, d. h. Freges Angriff auf den Psychologismus, bleibt also in einem Grenzgebiet stecken, in dem es schnell schwierig wird, zwischen Freund und Feind zu unterscheiden. Der starke Einwand kontert demgegenüber einen psychologistischen Angriff auf eine These Freges über die bewusstseinsexternen Bezugsgegenstände einiger sprachlicher Ausdrücke aus:

BEZ Die Bezugsgegenstände einiger sprachlicher Ausdrücke sind keine Vorstellungen, sondern transzendente Gegenstände.

Als Beispiel dafür wählt Frege die Rede vom Mond.

M-BEZ Der Bezugsgegenstand der Rede vom Mond ist nicht die Mondvorstellung, sondern der Mond als ein transzendenter Gegenstand.

Der idealistische und der skeptische Einwand lauten:

I-M-BEZ Es gibt keine transzendenten Gegenstände. Daher ist die Rede vom Mond als einem transzendenten Gegenstand falsch.

S-M-BEZ Transzendente Gegenstände lassen sich nicht erkennen. Daher lässt sich nicht erkennen, ob die Rede vom Mond als einem transzendenten Gegenstand wahr oder falsch ist. Dies lässt sich in Bezug auf jeglichen transzendenten Bezugsgegenstand eines sprachlichen Ausdrucks verallgemeinern.

Der dagegen gerichtete starke Einwand kann folgendermaßen rekonstruiert werden:

StE_1 Wörter einer Sprache zu gebrauchen, bedeutet, sie mit dem Sinn (der Art des Gegebenseins) zu gebrauchen, der ihnen in dieser Sprache zugeordnet wird.

StE_2 Wenn die psychologistische Kritik zutrifft, dann werden in allen Sprachen alle Wörter jeweils so gebraucht, dass mit ihnen die Art des Gegebenseins einer Vorstellung verbunden ist.

StE_3 Es trifft nicht zu, dass das Wort ›Mond‹ in der deutschen Sprache so gebraucht wird, dass mit ihm die Art des Gegebenseins einer Vorstellung, sondern vielmehr die Art des Gegebenseins eines transzendenten Gegenstandes verbunden ist.

In *StE_3* könnte statt ›Mond‹ jedes andere Wort jeder anderen Sprache eingesetzt werden, mit dem in jener Sprache jeweils ein transzendenter Gegenstand bezeichnet wird. Entsprechend könnte hier von jener anderen Sprache statt der deutschen die Rede sein. Die Stärke dieses Einwands beruht auf zwei Gründen:

Zum einen ist der Unterschied, auf den er sich stützt,

nicht der Unterschied zwischen Vorstellung und Sinn, sondern der Unterschied zwischen Vorstellung und transzendentem Gegenstand. Diesen Unterschied erkennt die psychologistische Gegenseite an.

Zum anderen setzt jener Einwand nicht voraus, dass es transzendente Gegenstände gibt oder dass sie erkennbar sind. Er macht lediglich geltend, dass einige Wörter dazu gebraucht werden, sich auf einen transzendenten Gegenstand zu beziehen. Um ihren Angriff fortsetzen zu können, müsste eine psychologistische Kritik entweder zeigen, dass das Wort ›Mond‹ in der deutschen Sprache sich doch auf eine Vorstellung bezieht, oder sie müsste sich dafür rechtfertigen, dass sie an dieser Stelle vom üblichen Sprachgebrauch abweicht. Die Beweislast, die sich daraus ergibt, scheint erdrückend zu sein. Vor diesem Hintergrund hält Frege die Auseinandersetzung mit dem Psychologismus für entschieden.

2.4 *Sinn und Bezugsgegenstand von Aussagesätzen (S. 14–19 / 32–36)*

Im Zuge dieser Auseinandersetzung hat Frege den Kerngehalt von *Über Sinn und Bedeutung* so formuliert:

»Ein Eigenname (Wort, Zeichen, Zeichenverbindung, Ausdruck) drückt aus seinen Sinn, bedeutet oder bezeichnet seine Bedeutung. Wir drücken mit einem Zeichen dessen Sinn aus und bezeichnen mit ihm dessen Bedeutung« (S. 13 / 31), also dessen Bezugsgegenstand.

Im Anschluss weitet Frege seinen Ansatz auf Aussagesätze aus, denen er einen Sinn und einen Bezugsgegenstand zuschreibt und die er sogar als singuläre Termini auffasst. Dies geschieht in folgenden Schritten:

2.4.1 Gedanken als Sinn von Aussagesätzen (S. 14–16 / 32 f.)

Frege versucht in einem Ausschlussverfahren nachzuweisen, dass ganze ›Behauptungssätze‹ bzw. Aussagesätze (in der Folge kurz: Sätze) einen Sinn haben und es sich dabei jeweils um einen Gedanken handelt (S. 14 f. / 32):

AUS_1	Der Gedanke ist entweder der Sinn oder der Bezugsgegenstand eines Satzes.
AUS_2	Sinn und Bezugsgegenstand eines Satzes stehen in einem bestimmten Verhältnis zu Sinn bzw. Bezugsgegenstand der einzelnen singulären Ausdrücke in jenem Satz.
$AUS_{2.1}$	Der Sinn eines Satzes ändert sich dann, wenn singuläre Ausdrücke innerhalb jenes Satzes gegen koreferenzielle (also sich auf dasselbe beziehende) singuläre Ausdrücke mit anderem Sinn ausgetauscht werden.
$AUS_{2.2}$	Der Bezugsgegenstand eines Satzes ändert sich nicht, wenn singuläre Ausdrücke innerhalb jenes Satzes gegen koreferenzielle singuläre Ausdrücke mit anderem Sinn ausgetauscht werden.
AUS_3	Wenn singuläre Ausdrücke innerhalb eines Satzes gegen koreferenzielle singuläre Ausdrücke mit anderem Sinn ausgetauscht werden, ändert sich der Gedanke, den der Satz enthält.
AUS_4	Daher ist der Gedanke der Sinn des Satzes.

Für AUS_1 führt Frege keine Begründung an. Die Begründung scheint sich im Nachhinein zu ergeben, da sich später der Gedanke als der von dessen Bezugsgegenstand verschiedener Sinn des Satzes erweist. Nur kann dies nicht als

Begründung für *AUS*$_1$ dienen, weil die Argumentation sonst zirkulär wäre, da diese Verhältnisbestimmung ihrerseits auf *AUS*$_1$ beruht. Dass es sich bei Gedanken um den Sinn von Sätzen handelt, könnte Frege damit begründen, dass wir auf die gleiche Weise über Gedanken in ihrem Verhältnis zu einem Satz sprechen, wie wir über den Sinn von singulären Termini sprechen: Sätze enthalten Gedanken (S. 14 / 32) oder drücken diese aus (*Der Gedanke*, S. 61). Außerdem sind, so Frege, Gedanken ebenso objektiv, nämlich intersubjektiv, wie das jeweils der Sinn eines singulären Terminus ist (S. 14, Anm. 1 / 32, Anm. 1). All dies bietet jeweils einen Beleg, jedoch keinen Beweis für *AUS*$_1$.

AUS$_2$ beruht auf dem Verständnis des Satzes als einem Resultat aus der funktionalen Verbindung seiner jeweils relevanten Teile. Hier zeigt sich, dass für Frege die Funktion, die Sätze als Werte hat, eine zweifache ist:

1. Die Funktion ist zum einen laut *AUS*$_{2.1}$ eine Funktion, deren Wert der Satzsinn ist, der von dem jeweiligen Sinn der im Satz enthaltenen singulären Termini abhängt.
2. Die Funktion ist zum anderen laut *AUS*$_{2.2}$ eine Funktion, deren Wert der dem Satz zugehörige Bezugsgegenstand ist, der von den jeweiligen Bezugsgegenständen jener Termini abhängt. Den Gültigkeitsbereich von AUS$_{2.2}$, den Frege hier uneingeschränkt lässt, sollen die von ihm später betrachteten vermeintlichen Gegenbeispiele abstecken.

AUS$_3$ stützt sich auf ein Phänomen, das sich an den Sätzen »Der Morgenstern ist ein von der Sonne beleuchteter Körper« und »Der Abendstern ist ein von der Sonne beleuchteter Körper« zeigt (S. 14 / 32). In ihnen werden koreferenzielle singuläre Termini gegeneinander ausgetauscht. Ihr Gegenstand wird dabei auf je eigene Weise »gegeben«, ihr Sinn ist also verschieden. Das Phänomen beruht darauf, dass deshalb jeweils ein unterschiedlicher Gedanke zum Ausdruck kommt. Dies zeigt sich daran, dass es möglich ist, einen der beiden Gedanken für wahr und den anderen für falsch zu halten. Als Nebenertrag dieser Überlegung ergibt es sich, dass Frege Wahrheit primär nicht Sätzen, sondern Gedanken zuspricht.

Daraus ergibt sich, dass zumindest abseits der Ausnahmefälle, die Frege später bespricht, Gedanken nicht die Bezugsgegenstände von Sätzen sein können, denn an einem eventuellen Bezugsgegenstand kann sich hier gemäß $AUS_{2.2}$ nichts geändert haben.

Frege sieht sich nun zu der Annahme berechtigt, dass ein Gedanke jeweils der Sinn eines Satzes ist. Nachgewiesen wurde jedoch nur, dass sich der Sinn des Satzes und der Gedanke gemeinsam geändert haben. Dass der Gedanke der Sinn des Satzes *ist*, wird dadurch bestenfalls plausibel gemacht. Dies bedeutet natürlich nicht, dass Freges Annahme falsch ist, wohl aber, dass sie nicht schlüssig bewiesen worden ist.

2.4.2 *Der Bezugsgegenstand von Sätzen in indirekter Annäherung (S. 15 f. / 32 f.)*

Frege nähert sich der Frage, ob ganze Sätze einen Bezugsgegenstand haben, indirekt an, nämlich im Hinblick auf sinnvolle Sätze, die entweder keinen Bezugsgegenstand haben oder bei denen dieser Bezugsgegenstand keine Rolle spielt. Die Art und Weise, dass sich wiederum ein Satz ergibt, der als ganzer keinen Bezugsgegenstand hat, leitet Frege von seinem funktionalen Satzverständnis her: Ein leerer singulärer Terminus, also ein wohlbestimmter Ausdruck, der dazu geeignet ist, sich auf genau einen Gegenstand zu beziehen, wobei es jenen Gegenstand aber nicht gibt, führt in einem Satz Frege zufolge dazu, dass es zu jenem Satz insgesamt keinen Bezugsgegenstand gibt (S. 15 / 32).

In Bezug auf sein Beispiel ›Odysseus‹ ist Frege sich zwar selbst nicht sicher, ob dieser singuläre Terminus leer ist oder nicht. Dies hängt von zwei Faktoren ab: erstens davon, ob Odysseus eine historische oder eine fiktive Gestalt ist, und zweitens, ob von fiktiven Gestalten gesagt werden kann, dass es sie nicht gibt.[28] Doch Freges Pointe lautet unabhängig davon: Wer annimmt, dass es Odysseus gegeben hat, kann jenen Satz, oder richtiger: den damit verbundenen Gedanken, »für wahr oder für falsch« halten (S. 15 / 32), je nachdem, ob das (logische) Prädikat »... wurde tief schlafend in Ithaka ans Land gesetzt« auf Odysseus zutrifft oder nicht. Wer jedoch annimmt, dass es Odysseus nicht gegeben hat, kann ihm jenes Prädikat weder zu- noch absprechen und dementsprechend jenen Gedanken weder für wahr noch für falsch halten. Dem Fehlen eines Bezugsgegenstands beim singulären Terminus ›Odysseus‹ entspräche das Fehlen von Wahrheit und Falschheit des Gedankens.

Dies legt nahe, dass der Bezugsgegenstand eines ganzen Satzes auf eine näher zu bestimmende Weise mit dessen Wahrheit oder Falschheit zu tun hat. Diesen Verdacht ver-

28 Dieser Problematik widmet sich in kritischer Bezugnahme auf Frege Kripke (2014).

stärkt Frege, indem er den Ansatz einer Theorie fiktionaler Rede vorlegt und diese vom wissenschaftlichen Diskurs abgrenzt (S. 16 / 33): In fiktionaler Rede geht es danach nicht um die Bezugsgegenstände der singulären Termini unterhalb der Satzebene und auch nicht um die Wahrheit oder Falschheit der Sätze, sondern nur um die ausgedrückten Gedanken und davon eventuell hervorgerufene Vorstellungen und Empfindungen.

Übertragen auf das Beispiel bedeutet dies: Selbst dann, wenn es Odysseus gegeben haben sollte, spielt dies für die epische Rede von ihm keine Rolle. Die Frage nach Wahrheit oder Falschheit des dabei Gesagten lässt sich zwar stellen, verlässt aber den Kontext des Fiktionalen und führt zu einer wissenschaftlichen Untersuchung, für die jene Wahrheitsfrage bezeichnend ist. Besteht Wissenschaft doch (auch) darin zu urteilen, also einen Gedanken daraufhin zu befragen, ob er wahr oder falsch ist (S. 16 / 33), und dann auf diese Frage eine Antwort zu geben. Weil es der Wissenschaft stets um die Bezugsgegenstände der von ihr verwendeten Zeichen gehe, legt sich Frege auf ein im weitesten Sinne realistisches Wissenschaftsverständnis fest.

2.4.3 *Wahrheitswerte als Bezugsgegenstände von Sätzen (S. 16–19 / S. 33–35)*

Ferner führt Frege an (S. 18 / 35): Wird in einem Satz ein singulärer Terminus gegen einen anderen ausgetauscht, der zwar einen anderen Sinn hat, aber sich auf den gleichen Gegenstand bezieht, also koreferenziell ist, dann ändert sich die Wahrheit oder Falschheit des ganzen Satzes nicht. Wenn beispielsweise der Satz »Es gibt kein Bier auf dem Morgenstern« wahr ist, dann ändert sich am Wahrheitswert nichts, wenn ›Morgenstern‹ durch ›Abendstern‹ ersetzt wird.

An dieser Stelle macht Frege unter Berufung auf Leibniz erneut geltend, dass diejenigen Komponenten, die sich unter Bewahrung der Wahrheit des Ganzen durcheinander ersetzen lassen, jeweils dieselben sind. Die Qualifizierung ›immer‹ bleibt hier sowohl bei Leibniz als auch bei Frege implizit, ist aber unumgänglich, da Komponenten, die sich nur in einigen Zusammenhängen gegeneinander austauschen lassen, nicht miteinander identisch sind.

Auch auf unschwer zu findende Gegenbeispiele (vgl. S. 97) geht Frege nicht ein. Auf dieser daher nicht völlig gesicherten Grundlage charakterisiert Frege den Bezugsgegenstand ganzer Sätze folgendermaßen: Um ihn zu finden, ist die »Bedeutung der Bestandtheile« (S. 16 / 33), d. h. die Bezugsgegenstände der einzelnen singulären Termini im Satz, zu berücksichtigen. Und der Bezugsgegenstand bleibt bei der gerade geschilderten Vertauschung jeweils derselbe. Wie gesagt, betrachtet Frege dies als einen Beleg, nicht aber als einen Beweis seiner explizierten These, dass sich ganze Sätze auf Wahrheitswerte beziehen, denn er führt aus: Wenn diese These zutrifft (*p*), dann verhält sich der Bezugsgegenstand ganzer Sätze wie angegeben (*q*). Aus diesem Zusammenhang (wenn *p*, dann *q*) kann sich entweder eine Widerlegung von *p*, wenn sich *q* als falsch herausstellt, oder eben wie in diesem Fall mit dem Zutreffen von *q* ein nicht zwingender Beleg für die Richtigkeit von *p* ergeben, also ein weiteres Indiz.

Die genannten Belege stützen Freges Ansicht, dass es sich beim Bezugsgegenstand eines ganzen Satzes um dessen »Wahrheitswerth« handelt, also um den »Umstand, daß [der Satz] wahr oder daß er falsch ist« (S. 16 / 34). Als Vertreter einer klassischen zweiwertigen Logik betont Frege zwar, dass es neben dem ›Wahren‹ und dem ›Falschen‹, wie er die beiden Wahrheitswerte nennt, keinen dritten gibt. Wie gezeigt wurde, besitzen für ihn Sätze, die leere singuläre Termini enthalten, allerdings keinen Wahrheitswert, so dass er letztlich doch eine dritte Option neben der Wahrheit und der Falschheit eines Satzes anerkennt. Sätze wie »Odysseus wurde tief schlafend in Ithaka ans Land gesetzt« oder »Das Bier auf dem Morgenstern ist viel zu warm« sind laut Frege – unter der Voraussetzung, dass es Odysseus ebenso wenig gegeben hat, wie es Bier auf dem Morgenstern gibt – weder wahr noch falsch. Die Zuordnung eines Wahrheitswerts zu einem Satz ist für Frege keine bloße Version der Aussage, dass jener Satz wahr oder falsch ist: Entsprechend seinem Verständnis von Sinn handelt es sich bei den Wahrheitswerten durchaus um Gegenstände und daher auch bei Sätzen um singuläre Termini, ja geradezu um Eigennamen, die sich auf jene Gegenstände beziehen.

2.4.4 *Der nicht-prädikative Charakter von Wahrheit (S. 17f. / 34f.)*

Frege vertritt die These, dass ein Satz jeweils einen Sinn und einen Bezugsgegenstand hat und dass es sich bei jenem Sinn um einen Gedanken, bei jenem Bezugsgegenstand aber um einen Wahrheitswert handelt. Bei dem Sinn des Satzes »Der Morgenstern umkreist den Sirius« handelt es sich um das, was wir auffassen, wenn wir jenen Satz verstehen. Beim entsprechenden Bezugsgegenstand, der »Bedeutung« jenes Satzes, handelt es sich um einen der Wahrheitswerte, in diesem Fall um das Falsche. Diese These verteidigt Frege in einem Einschub gegen die Ansicht, dass das Wahrsein vom Gedanken als dessen Prädikat ausgesagt wird und als solches kein Gegenstand sein könnte (S. 17 / S. 34). Oberflächlich betrachtet, hat eine solche Aussage wie »Der Gedanke *p* ist wahr.« dieselbe Struktur wie eine prädikative Aussage, etwa »Der Jack-Russell-Terrier *f* ist verspielt.«. Frege zufolge liegt hier bloß äußerliche Ähnlichkeit, jedoch keine formale Entsprechung vor. Denn anders als bei einer Prädikation wird mit »... ist wahr« dem jeweiligen Gedanken nichts zu- oder abgesprochen. Eine Aussage wie »Der Gedanke *p* ist wahr« kann daher, mit grammatisch bedingten Abänderungen, stets durch *p* selbst ersetzt werden. Daraus folgt, dass es sich bei »... ist wahr« um keine prädikative Wendung handelt.[29] Frege vertieft diese Einsicht durch den Hinweis darauf, dass logisches Subjekt und logisches Prädikat als konstitutive Elemente des Satzes bzw. des von ihm ausgedrückten Gedankens auf derselben Ebene stehen und dass durch die Zusammenfügung jener Elemente zwar ein Gedanke, jedoch kein Wahrheitswert erreicht wird.

Damit bestätigt sich für Frege erneut der Gegenstandscharakter der Wahrheitswerte, denn er macht geltend, dass Wahrheitswerte gerade deshalb, weil sie selbst Gegenstände sind, »nicht Theil eines Gedankens« (S. 18 / 35) sein können. Dieses Argument kann allerdings nicht überzeugen, denn sowohl ein Gedanke als auch jeder ihn konstituieren-

29 Zu Freges Verständnis von Wahrheit insgesamt als einer Konzeption, die sich auch ansonsten nicht weiter analysieren lässt, vgl. Künne (2010b), S. 391–423.

de Sinn sind laut Frege selbst abstrakte Gegenstände, so dass vom Gedanken durchaus gesagt werden kann, er sei ein Gegenstand und habe Gegenstände als seine Teile. Der entscheidende Unterschied besteht darin, dass es sich bei einem Wahrheitswert nicht um einen Sinn, sondern um einen Gegenstand handelt, den ein Sinn »gibt« und der sich nicht wiederum auf einen anderen Gegenstand richtet.

2.5 *Nebensätze als vermeintliche Gegenbeispiele (S. 19–39 / 36–50)*

Frege legt letztlich keinen zwingenden Beweis dafür vor, dass ganze Sätze Wahrheitswerte als Bezugsgegenstände haben, sondern stellt lediglich eine These auf (S. 19 / 36: »Vermuthung«). Er überprüft sie in der Folge,[30] indem er sie (vermeintlichen) Gegenbeispielen aussetzt. Diese Gegenbeispiele müssten darin bestehen, dass sich der Sinn und der Wahrheitswert eines komplexen gesamten Satzes jeweils nicht funktional aus den einzelnen Teilsätzen ergeben, wie Freges Satzverständnis es aber erwarten lässt (vgl. S. 61). Dies führt Frege dazu, »Satzgefüge« zu betrachten (S. 20 / 36), und zwar im Hinblick auf deren logische Form, also daraufhin, ob und gegebenenfalls auf welche Weise sich aus dem Sinn und Wahrheitswert der Teilsätze jeweils der Sinn und Wahrheitswert des gesamten Satzes ergibt. Maßgeblich für Freges Überlegungen sind daher logische, nicht grammatikalische Formen.[31]

30 Vgl. Burge (2005), S. 90.

31 Allerdings übernimmt er zumindest gelegentlich die terminologischen Vorgaben der Grammatik seiner Zeit. Vgl. Nielsen (2008).

Das Fazit dieser weitgehend für sich stehenden Betrachtung stellt heraus, dass die verschiedenen, scheinbaren oder tatsächlichen Ausnahmeerscheinungen, die im Bereich der Nebensätze auftreten, sich zum einen auf eine überschaubare Anzahl von Gründen zurückführen lassen, die jeweils mit besonderen Kontexten zusammenhängen (S. 39 / 49), und zum anderen keinen Einwand gegen die These ergeben, um deren Verteidigung es Frege geht (S. 39 / 49 f.).

2.6 *Skizze einer Problemlösung (S. 39 f. / 50)*

Am Ende seines Beitrags skizziert Frege eine Lösung für das Eingangsproblem: Ein Identitätsurteil der Form *I (a, b)* ist deshalb informativ, weil es besagt, dass sich die Zeichen *a* und *b* zwar auf denselben Gegenstand beziehen, zugleich jedoch mit ihnen jeweils auch ein anderer Sinn verbunden ist.

Mit Frege lässt sich das Problem also durch eine Abwandlung der zweiten Voraussetzung umgehen (vgl. hier S. 66):

V_2^* Als Relata der Identitätsrelation kommen Zeichen *unter Berücksichtigung des mit ihnen verbundenen Sinnes* und Gegenstände in Frage.

Dies verhindert, informative und triviale Identitätsurteile beliebig zu vertauschen.

3 Fortleben des Textes

3.1 *Freges Fortführung der eigenen Projekte*

Die Unterscheidung zwischen Sinn und Bezugsgegenstand sollte Frege zunächst dazu dienen, in *Grundgesetze der Arithmetik* das logizistische Projekt einer Ableitung der

Arithmetik aus der Logik zu vollenden (s. hier S. 61). Dazu leistet das in *Über Sinn und Bedeutung* Erarbeitete einen mehrfachen Beitrag.

Zum einen gestattet das neue Verständnis von Identität, das arithmetische Gleichheitszeichen als objektsprachlich aufzufassen (s. hier S. 64) und damit in die symbolgestützte Beweisführung einzugliedern.

Zum anderen verwendet Frege das in *Über Sinn und Bedeutung* entwickelte Instrumentarium dazu, das Problem zu lösen, das sich für ihn aus der ausschließlich prädikativen Verwendbarkeit von Begriffen ergibt (s. hier S. 62). Dieses Problem steht dem logizistischen Projekt im Weg, da Frege darin Zahlen über die Äquivalenzklassen der Anzahl von Gegenständen bestimmen will, die jeweils unter verschiedene Begriffe fallen (*Grundgesetze der Arithmetik*, Bd. 1, S. 57 f.).

Um von einer Anzahl von Gegenständen sprechen zu können, die unter einen Begriff fallen, müsste es allerdings doch erst einmal möglich sein, von dem Begriff zu sprechen, unter den sie fallen. Dieses Problem umgeht Frege, indem er festsetzt, dass der Sinn eines Ausdrucks wie ›der Begriff F‹ zwar eine »Art des Gegebenseins« ist, dass aber dasjenige, was dabei gegeben wird, nicht jener Begriff F selbst, sondern sein Umfang als die Gesamtheit der Gegenstände ist, auf die er sich bezieht. Diese Gesamtheit der Gegenstände bezeichnet Frege als »Klasse«. Die so verstandene Klasse hält Frege ihrerseits zunächst ebenfalls für einen voll bestimmten Gegenstand, über den nach Belieben quantifiziert werden kann (*Grundgesetze der Arithmetik*, Bd. 2, S. 254). Das bedeutet also, dass Frege zufolge zwar der Begriff ›Pferd‹ stets nur als logisches Prädikat wie in der

Wendung (»... ist ein Pferd«) verwendet werden kann, die Klasse *Pferd* aber auch als logisches Subjekt dienen kann, über das etwas ausgesagt wird, wie etwa, dass sie eine Gesamtheit von Unpaarhufern ist. Damit scheint es Frege freizustehen, das von ihm entwickelte Werkzeug der Aussagen- und Prädikatenlogik auf die Gegenstände der Arithmetik und ihrer Beziehungen anzuwenden, ja diese daraus abzuleiten, wenn nur der Begriff der Klasse und die uneingeschränkte Quantifizierung über Klassen vorausgesetzt werden dürfen.

In einem Brief an Frege vom 16. Juni 1902 weist Bertrand Russell nach, dass diese Voraussetzung zu einem Paradox führt:

> Sie behaupten [...] es könne auch die Funktion das unbestimmte Element bilden. Dies habe ich früher geglaubt, jedoch jetzt scheint mir diese Ansicht zweifelhaft, wegen des folgenden Widerspruchs: Sei *w* das Prädicat, ein Prädicat zu sein welches von sich selbst nicht prädicirt werden kann. Kann man *w* von sich selbst prädiciren? Aus jeder Antwort folgt das Gegentheil. Deshalb muss man schließen dass *w* kein Prädicat ist. Ebenso giebt es keine Klasse (als Ganzes) derjenigen Klassen die als Ganze sich selber nicht angehören. Daraus schliesse ich dass unter gewissen Umständen eine definierbare Menge kein Ganzes bildet.[32]

Da Frege zufolge von Klassen uneingeschränkt etwas aus-

32 Vgl. *Wissenschaftlicher Briefwechsel*, XXXVI. Frege – Russell, Nr. 1: Russell an Frege, 16. 6. 1902, S. 211.

gesagt und über sie quantifiziert werden kann, ist es also möglich, die Klasse aller Klassen einzuführen, die sich nicht selbst enthalten (›sich selbst zu enthalten‹ wäre in diesem Fall das Prädikat, das von jener Klasse nicht prädiziert werden kann). Diese Bestimmung führt jedoch zu einer Antinomie, d. h. sie führt zu Widersprüchen, die einerseits zugleich zutreffen müssten, die aber andererseits nicht gleichzeitig zutreffen können. Dies wird offensichtlich, wenn entschieden werden muss, ob sich jene Klasse nun selbst enthält oder nicht –, denn eine dieser beiden Möglichkeiten muss ja offenbar der Fall sein:

1. Enthält sich die Klasse aller Klassen, die sich selbst nicht enthalten, selbst, dann gehört sie eben deshalb zu den Klassen, die sich selbst enthalten, und dürfte sich daher nicht selbst enthalten – und zwar genau deshalb, weil sie sich selbst enthält.
2. Enthält sich die Klasse aller Klassen, die sich selbst nicht enthalten, selbst nicht, dann gehört sie eben deshalb zu den Klassen, die sich selbst nicht enthalten, und müsste sich daher selbst enthalten – und zwar genau deshalb, weil sie sich selbst nicht enthält.

In beiden Fällen müsste jene Klasse sich zugleich selbst enthalten und nicht enthalten, was einen Widerspruch darstellt. Frege erkennt dieses Problem noch in einem eigens dazu angefügten Nachwort des letzten erschienenen Bandes von *Grundgesetze der Arithmetik* an und erreicht auch in der Folge keine befriedigende Lösung.

Zugleich sieht er, dass von jenem Problem seine prinzipiellen Überlegungen zu Sinn und Bezugsgegenstand nicht betroffen sind. Daher knüpft er an diese an, als er später versucht, die Arithmetik auf der Anschauungsform des Raums aufzubauen. Die Logik als die Lehre von der Verbindung der Gedanken dient Frege nun als Erkenntnisquelle zum Hervorheben formaler Strukturen aus jener Anschauungsform (vgl. z.B. *Neuer Versuch der Grundlegung der Arithmetik*). Was unter Gedanken als dem objektiven Sinn ganzer Sätze zu verstehen ist, entfaltet im Anschluss an *Über Sinn und Bedeutung* der Beitrag *Der Gedanke*, dem zufolge die Gedanken neben den Gegenständen der Außenwelt und den subjektiven Bewusstseinsinhalten in einem eigenständigen Bereich existieren.

3.2 *Die Frege-Rezeption*

Zu Freges Lebzeiten und unmittelbar danach setzen sich mit *Über Sinn und Bedeutung* insbesondere Bertrand Russell (1872–1970) und Ludwig Wittgenstein (1899–1951) auseinander.

Bertrand Russell bemüht sich darum, die für ihn schwer greifbare und nicht zu seinem naturwissenschaftlich geprägten Weltbild passende Rede von einem objektiven Sinn durch die Lehre von kennzeichnenden Wendungen zu ersetzen, die als gegebene Bestandteile von Texten analysiert werden können.[33]

Was bei Frege implizit geblieben ist, expliziert Ludwig Wittgenstein, wenn er erklärt, dass die Logik transzendental ist (vgl. hier S. 63) und versucht zugleich, den als eigenartig empfundenen Status der Gedanken bei Frege dadurch

33 Russell (1971a); vgl. Hylton (2010).

zu umgehen, dass er den sinnvollen Satz selbst mit dem Gedanken gleichsetzt.[34] Allerdings verschiebt sich dadurch das Problem nur, anstatt gelöst zu werden.

In den *Philosophischen Untersuchungen* will Wittgenstein später den Ursprung des Problems aufdecken, der sich ebenfalls auf Frege zurückführen lässt, nämlich die Ansicht, dass sich sprachliche Zeichen im Hinblick auf »Regelmäßigkeit« (§ 208) als das Befolgen bestimmter Regeln verstehen lassen. Diese Ansicht, die ansatzweise in *Über Sinn und Bedeutung* vertreten wird (vgl. hier S. 74), kontert Wittgenstein kritisch mit dem Paradox des Regelfolgens: Wenn das Befolgen einer Regel wiederum auf einer so verstandenen »Regelmäßigkeit« beruhen sollte, dann droht ein unendlicher Regress. Dass wir aber zumindest in einigen Fällen dazu in der Lage sind, den Sinn sprachlicher Ausdrücke zu erfassen, ohne den Weg zum Erfassen immer neuen Regelmäßigkeiten zu beschreiten, spricht dafür, dass Sinnerfassen eben nicht auf sie beschränkt werden kann. Positiv hält Wittgenstein dem das Verständnis von Sprache als einem Geflecht höchst unterschiedlicher Sprachspiele entgegen, innerhalb dessen die kristallklare Verbindung von Zeichen, Sinn und Bezugsgegenstand bestenfalls einen kleinen Bereich, aber nicht das Ganze ausmacht.

Auf die Philosophie, die sich, von Russell und Wittgenstein angeregt, im Spannungsfeld von logischer Analyse und Zuwendung zur Sprache entwickelt und die sich schließlich ›analytisch‹ nennt, übt Frege zunächst eher ei-

34 Wittgenstein (1984), 6.13 und 4. Vgl. Reck (2002a).

nen indirekten, und nicht als solchen verzeichneten, Einfluss aus.

Im Lauf der Zeit wächst hier jedoch das Bewusstsein dafür, auf den Schultern Freges zu stehen,[35] der als epochemachender[36] Begründer der modernen Logik und philosophischen Beschäftigung mit Sprache nicht zuletzt dank *Über Sinn und Bedeutung* Anerkennung findet.[37]

In der heutigen analytischen Philosophie gilt Frege nach wie vor als ein aktueller Denker, auch und gerade aufgrund der zahlreichen ungelösten Probleme, vor denen er steht und vor die er stellt.[38] Exemplarisch stehen dafür Willard van Orman Quine und Saul A. Kripke.

Quines Auseinandersetzung mit einer an *Über Sinn und Bedeutung* orientierten Semantik zeigt sich an den Beispielen, mit denen er geltend macht, dass auch allgemeine wechselseitige Austauschbarkeit (vgl. hier S. 87) keine Identität bedeutet.[39]

Kripke führt gegen das geläufige Verständnis von »Sinn« bei Frege (vgl. hier S. 71) an, dass Eigennamen keinen »Frege'schen Sinn« haben und dass Kennzeichnungen keinen feststehenden Bezugsgegenstand bezeichnen. Sein Werk stellt gerade deshalb eine ständige, wechselhafte Ausein-

35 Vgl. Wille (2016).

36 Vgl. Soames (2014), Kap. 1.

37 Vgl. Potter/Ricketts (2010). Außerordentlich wichtig waren die beiden Sammelbände, die Günter Patzig 1966 herausgab (s. *FFB* und *LU*).

38 Vgl. Burge (2005) und die Beiträge zu Bengtsson (2018).

39 Vgl. Quine (2011b), S. 61: »Lebewesen mit Herz« und »Lebewesen mit Nieren«.

andersetzung mit Frege dar.[40] Für dessen Resonanz, auch über den Bereich der analytischen Philosophie hinaus, spricht, dass Frege zunehmend nicht ›nur‹ als Philosoph der Sprache, der Mathematik oder des Denkens gilt,[41] sondern als Philosoph ohne Zusatz.

Abschreckend an Frege könnte freilich seine Anfälligkeit für rechtes Gedankengut sein, die sich in seinem *Tagebuch* äußert. Doch bietet auch dies Anlass zur Reflexion: Wie gezeigt, hatte Frege in *Über Sinn und Bedeutung* den Sinn sprachlicher Ausdrücke als ihrerseits objektive »Art des Gegebenseins« von Bezugsgegenständen streng von deren qualitativer »Beleuchtung« durch Gefühle und Empfindungen unterschieden, die mit dem sprachlichen Ausdruck mitschwingen können. Dementsprechend meint Frege in *Der Gedanke* (S. 63):

> Ob ich das Wort ›Pferd‹ oder ›Roß‹ oder ›Gaul‹ oder ›Mä[h]re‹ gebrauche, macht keinen Unterschied im Gedanken. Die behauptende Kraft erstreckt sich nicht auf das, wodurch sich diese Worte unterscheiden. Was man Stimmung, Duft, Beleuchtung in einer Dichtung nennen kann, was durch Tonfall und Rhythmus gemalt wird, gehört nicht zum Gedanken.

In Freges *Tagebuch* findet sich diese sachlich richtige *Unterscheidung* von einer strikten *Trennung* begleitet, wenn er etwa im Eintrag vom 2. Mai 1924 (S. 1093 f.) schreibt, bei der Liebe zum Vaterland gehe es nicht um ein

40 Vgl. Kripke (1981); Kripke (2014).
41 Vgl. Mayer (1996), S. 167 f.

Fürwahrhalten, sondern darum, wie man sich innerlich und im Gemüte zu etwas einstellt. Das Gemüt allein ist beteiligt, nicht der Verstand, und das Gemüt spricht, ohne vorher den Verstand zu Rate gezogen zu haben. Und doch scheint zuweilen eine solche Gemütsbeteiligung zu einem richtigen, verstandesmäßigen Urteilen in staatlichen Fragen erforderlich zu sein.

Der Verstand behält dabei zwar einen gewissen eigenen Spielraum, wie das Nebeneinander jenes Appells an notwendigerweise blinde Vaterlandsliebe mit philosophischen Reflexionen (*Tagebuch*, Einträge vom 23.–25. März 1924, S. 1073 f.) zeigt. Diese Reflexionen widmen sich zwar der eventuellen Irreführung des Denkens durch die Sprache, jedoch nur in Bezug auf das, was die Gegenstände des Denkens betrifft. In diesem Fall ist das für Frege wenig überraschend das Wesen der Zahlen, nicht, was die Ausrichtung des Denkens insgesamt und damit dessen eigenen »Sinn« angeht. Selbst wenn gefühlsmäßiges Angesprochensein eine notwendige Voraussetzung für Denken, vielleicht sogar für richtiges Denken sein sollte, ist es noch nicht erwiesen, dass sie allein dadurch hinreichende Bedingung ist. Und schon gar nicht zwingt sie das Denken dazu, sich in seiner Reflexion nicht auch auf seine qualitativen Hintergründe zu richten und sich gegebenenfalls kritisch mit diesen Hintergründen zu befassen.[42] Vielmehr lassen sich affektives Angesprochensein, wie es sich im Mythos äußert, und begründende Rede, die in griechischer Tradition »Logos« ge-

42 Vgl. dazu auch die einleitende Bemerkung der Herausgeber ebd., S. 1065.

nannt wird, auch so auffassen, dass sie ineinander übersetzbar sind und sich so wechselseitig ergänzen können.[43] Dabei kann sich dadurch im Mythos, anders als Frege es dachte, durchaus eine, freilich rational vermittelte, Wahrheit zeigen.[44] Könnte das pathologische Auseinanderfallen von Gefühl und Vernunft, Mythos und Logos bei Frege[45] nicht auch auf dessen eigenen Grundlagen bearbeitet werden, die hier zwar eine Unterscheidung, nicht aber eine Trennung nahelegen? Lässt sich also am Beispiel dieses großen Denkers als warnendem Beispiel lernen, dass derjenige, der die Helligkeit des Erkenntnislichts so extrem von dessen Farbe und Wärme absondert, Gefahr läuft, jenes Licht insgesamt zu verlieren?[46] Wie vieles, was Gottlob Freges Hinterlassenschaft lebendig erhält, bleibt auch dies eine offene Frage[47].

Danksagung

Bester Dank gilt Herrn Dr. Thomas Heichele, Herrn Prof. Dr. Uwe Meixner (beide Universität Augsburg), Herrn Dr. Sebastian Krebs (Code University Berlin), Herrn Dr. Daniel-Pascal Zorn (Ruhr-Universität Bochum) und Herrn Daniel Baur für überaus wertvolle inhaltliche Hinweise, deren Verwendung selbstverständlich allein der Herausgeber zu

43 Vgl. Leo/Steinbeis/Zorn (2017), S. 42 f.
44 Vgl. Hösle (2018), S. 151 mit Anm. 160.
45 Vgl. Engler (1995).
46 Als Kontrapunkt dazu vgl. Zorn (2018), S. 134.
47 Sie wird in den Beiträgen zu Bengtsson (2018) kontrovers diskutiert.

verantworten hat. Für exzellente technische Unterstützung ist dem Augsburger Lehrstuhlteam sehr zu danken: Frau Ruth Janisch, Frau Nurten Güler Güclü, B. A., und Herrn Joshua Nebel. Sehr herzlicher Dank geht last but not least an meine Tochter für ihre kundige Stilberatung und dafür, dass sie mich immer wieder daran erinnert, wie wichtig der im Nachwort zuletzt gebrauchte Begriff in der Philosophie und darüber hinaus ist.

Über Gottlob Frege

Friedrich Ludwig Gottlob Frege[48] starb in der Nacht zum 26. Juli 1925 in Bad Kleinen, nicht weit von Wismar, wo er am 8. November 1848 zur Welt gekommen war. Zwischen diesen Stationen hatte er es nicht immer leicht, und er hatte es sich auch nicht immer leicht gemacht.

Frege studierte 1869 bis 1871 in Jena und 1871 bis 1873 in Göttingen Mathematik, Physik, Chemie und Philosophie. Seine Qualifikationsschriften im Fach Mathematik weisen ihn als eigenständigen Denker mit Hang zum Grundsätzlichen und hohem Arbeitsethos aus. Zeit seines Berufslebens war Frege am Mathematischen Institut der Universität Jena tätig.

Die letzten Jahre des 19. Jahrhunderts bedeuteten für Frege eine Zeit fruchtbaren Schaffens, in denen er auch mit *Über Sinn und Bedeutung* ein Werk (*Grundgesetze der Arithmetik*) vorbereitete, das seine theoretischen Bemühungen krönen sollte. 1902 wurde er allerdings auf einen fatalen Fehler in diesem Projekt aufmerksam gemacht (s. hier S. 93 f.). In den folgenden Jahren, in denen Frege kaum etwas publizierte, kamen persönliche Probleme und schwindender Rückhalt im Kollegium hinzu. Nachdem 1918 seine Lehrverpflichtung endete, kehrte Frege in seine Heimat zurück und begann wieder damit, bedeutende Arbeiten zu veröffentlichen.

Sein Lebensabend war gezeichnet von äußeren Schwierigkeiten, dem Gefühl, wirkungslos gewesen zu sein, und

48 Zum Folgenden vgl. Kreiser (2001) und die biografischen und wirkungsgeschichtlichen Angaben in den Literaturhinweisen.

der Einsicht, sein Werk nicht abschließen zu können. Unter diesen Umständen neigte er zu extremen, auch antisemitischen Ansichten, die sich in seinem *Tagebuch* niederschlugen. Dessen späte posthume Entdeckung passt nicht zum gut etablierten Bild Freges als klarem, im persönlichen Umgang liebenswürdigem Denker. Zwar pflegte er nicht allzu viele Kontakte mit Fachkollegen und ging lieber mit seinem kleinen Hund wandern, als an Tagungen teilzunehmen. Doch wirkte er im persönlichen Umgang gewinnend dank trockener Herzlichkeit und vorbehaltloser intellektueller Redlichkeit. Damit nahm er unter anderem bedeutende Philosophen für sich ein, wie seinen Korrespondenzpartner Bertrand Russell. Freges Reaktion auf dessen Kritik (vgl. hier S. 93) ist bezeichnend. So schrieb er am 22. Juni 1902 an Russell:

> Ihre Entdeckung des Widerspruchs hat mich auf's Höchste überrascht und, fast möchte ich sagen, bestürzt, weil dadurch der Grund, auf dem ich die Arithmetik sich aufzubauen dachte, in's Wanken geräth. Es scheint danach, dass die Umwandlung der Allgemeinheit einer Gleichheit in eine Werthverlaufsgleichheit (§ 9 meiner Grundgesetze) nicht immer erlaubt ist, dass mein Gesetz V (§ 20. S. 36) falsch ist und dass meine Ausführungen im § 31 nicht genügen, in allen Fällen meinen Zeichenverbindungen eine Bedeutung zu sichern. Ich muss noch weiter über die Sache nachdenken. Sie ist um so ernster, als mit dem Wegfall meines Gesetzes V nicht nur die Grundlage meiner Arithmetik, sondern die einzig mögliche Grundlage der Arithmetik überhaupt zu versinken scheint. Und doch, sollte ich denken, muss es

Über Gottlob Frege 102

> möglich sein, solche Bedingungen für die Umwandlung der Allgemeinheit einer Gleichheit in eine Werthverlaufsgleichheit aufzustellen, dass das Wesentliche meiner Beweise erhalten bleibt. Jedenfalls ist Ihre Entdeckung sehr merkwürdig und wird vielleicht einen grossen Fortschritt in der Logik zur Folge haben, so unerwünscht sie auf den ersten Blick auch scheint.[49]

Dieser Charakterzug, immer offen und ehrlich um die Sache zu kämpfen und entsprechend auch eigene Fehler zuzugeben, ließ Freges fachliche Stellungnahmen schonungslos offen ausfallen. Nicht jeder Adressat bewies die innere Größe eines Ludwig Wittgenstein, der später wiederholt begeistert erzählte, Frege habe ihn bei ihrem ersten Gespräch in aller Freundlichkeit nach Strich und Faden intellektuell fertiggemacht (»He absolutely wiped the floor with me«[50]). Freges Freimut trug dazu bei, dass er in den beiden Fächern Mathematik und Philosophie, die ihm gerade in ihrer Verbindung am Herzen lagen, zeitlebens bestenfalls randständige Resonanz fand. Keines Nachrufs gewürdigt und in den Jahrzehnten nach seinem Tod nahezu vergessen, gilt Frege heute dennoch als bedeutender Philosoph, auf dem die moderne Logik und Sprachphilosophie aufbauen. Dieser Umschwung liegt nicht zuletzt an *Über Sinn und Bedeutung*, an dessen philosophischem Umfeld und Fortleben.

49 *Wissenschaftlicher Briefwechsel*, XXXVI. Frege – Russell, Nr. 2: Frege an Russell, 22. 6. 1902, S. 213.
50 Zit. nach E. H. Reck (2002b), S. 8.

Inhalt